# CONCIENTIZACIÓN AMBIENTAL

Luis Chesney Lawrence

Fanny Parilli Pérez

Caracas, 2013

*CONCIENTIZACIÓN AMBIENTAL*

Luis Chesney Lawrence
Fanny Parilli Pérez

1ª. Edición, 2013

ISBN-13: 978-1494960155

ISBN-10: 149496015X

Dep. legal: lf06820117002641

Publicado por

CreateSpace LLP
An Amazon Company

# ÍNDICE

## INTRODUCCION

El tema ambiental ha concitado gran interés en el mundo actual. A través del tiempo se ha demostrado su importancia y hoy en día figura en todas las agendas, como la denominada problemática ambiental. Por esto, parece difícil intentar efectuar un proyecto de sociedad o país, sin considerar muy centralmente al ambiente, puesto que en esta temática se resumen significativas relaciones sociales, de utilización de los recursos y del mismo desarrollo.

Esta tendencia general se trasladó también a Venezuela. De hecho, el país ha sido uno de los primeros de América Latina en haber accedido desde los años setenta del siglo XX a formalizar tanto políticas como instituciones formales destinadas exclusivamente a este tema. En otras organizaciones, pronto se tomó conciencia de esta preocupación. Sin embargo, en esos años todavía el país recorría con lentitud el camino hacia una toma plena de conciencia ambiental, con pocos elementos de política, escasos recursos humanos, débil coordinación interinstitucional y sin investigación que respaldara a estos programas. Sin una política de participación adecuada, se ha preferido fomentar un paternalismo y el asistencialismo, que en la práctica han obstaculizado la real resolución de los problemas así como la ejecución de programas de educación ambiental.

No obstante esto, se puede citar un significativo ejemplo exitoso de coordinación interinstitucional, cual fue el Convenio de cooperación efectuado con el fin de establecer el esquema de ordenamiento territorial de la Faja Petrolífera del Orinoco, suscrito por PDVSA y el Ministerio del Ambiente y de los Recursos Naturales Renovables (MARNR), en 1984, en el cual se incluía un Proyecto de Educación Ambiental, como elemento constituyente del sistema protector del ambiente.

El primer lineamiento propuesto en aquel Convenio establecía en forma expresa, el mandato interno de la industria petrolera y petroquímica para institucionalizar un proceso de educación ambiental. Este fue el primer gran programa de educación ambiental que se implementaba en el país. Este proyecto era la concreción de una política que desde finales de los años setenta venía estableciendo esa industria. Esta experiencia fue presentada en el Seminario Latinoamericano de Educación Ambiental realizado en Caracas, en 1981. En dicho evento se mostraron las experiencias de PDVSA en la aplicación del concepto de asentamiento humano, bajo el criterio de "ciudades abiertas en áreas petroleras". En éstas, se integrarían todas las actividades productivas socio-económicas y culturales con las del resto de las correspondientes regiones y para lo cual se enfatizaba que "debe crearse conciencia ambiental en la población, y debe trabajarse por una mejor calidad de vida de los grupos afectados".

Desde entonces, la industria petrolera venía representando un doble rol, el de las actividades normales relacionadas con los hidrocarburos y el de "responder por la conservación y mejoramiento del

ambiente en el cual realiza sus operaciones"
(Hernández y Medina, 1981). Esto dio paso a lo que
se denominó la incorporación de la dimensión
ambiental en el proceso de planificación de las
actividades de sus filiales.

En 1989, nuevamente esta industria
incursiona en un proyecto educativo, ahora
ampliando su alcance hacia poblaciones no
vinculadas a sus actividades y dedicado a la
protección de las costas. Este fue el Proyecto Playas,
también en convenio con el MARNR, el cual cubrió a
una playa por región costera y que se ha mantenido
con éxito hasta el presente. Al mismo, se sumaron
algunas organizaciones no gubernamentales (ONG)
que colaboraron. Este proyecto incorporó un
elemento básico para la educación ambiental, cual
fue el de basarla en la participación de la
comunidad. Con el tiempo, estimado entre dos y
cinco años, este proyecto dejaba a sus instituciones
iniciales y era tomado por las autoridades locales, las
alcaldías de los municipios y, luego, por las propias
ONG.

También se debe mencionar la iniciativa publicitaria de PDVSA con el lema "Cuidar es querer", que inicialmente no estuvo orientada hacia la problemática ambiental, sino de mantenimiento industrial, pero que con el tiempo, especialmente a partir de 1986, se transformó en la pauta publicitaria ambiental más exitosa ambiental y de la industria petrolera. En este caso el énfasis educativo se puso en el uso de medios audiovisuales.

Sin embargo, a partir de 1996, a doce años de la primera de estas acciones, la situación global del país cambió. Los problemas ambientales del país - producto de la crisis económica que se venía anunciando desde los años ochenta-, parecían haberse acentuado con el paso del tiempo. En este nuevo contexto, los resultados de los programas de educación ambiental no fueron evaluados, la industria petrolera inicia nuevas etapas productivas, ampliándose hacia nuevas áreas, descentralizando sus actividades y otorgando concesiones. Incluso, su política hacia las comunidades cambió, favoreciendo ahora el lema "hacer con" la sociedad civil. La publicidad del "cuidar es querer" decayó hasta desaparecer, el poder municipal intentó tomar sin mayor éxito responsabilidades en el ambiente y, aunque discontinuo y fuertemente afectado por variables netamente políticas, el poder central perdió fortaleza y ya no tiene capacidad de respuesta frente a las exigencias de las regiones.

Desde 1999, el discurso sociopolítico ha puesto su planteamiento ambiental en segundo plano y luego en franco desmedro, sin que los problemas se hayan resuelto, los que por el contrario se han acentuado. La gestión ambiental pierde su norte original y existe la sensación de que se actúa sin reconocer los valores ambientales, lo cual ha llevado a agudizar su situación.

También se debe reconocer que desde fines del siglo XX se evidencia, entre otros signos, una mayor sensibilidad en los medios de comunicación hacia los problemas del ambiente, lo mismo ocurre con la sociedad civil, principalmente con algunas ONG creadas en décadas anteriores, en las mismas comunidades y en la educación se observa un avance en los programas de estudio en el sector universitario, y un incremento en la normativa legal.

El origen de este Programa de concientización ambiental se ubica en 1996, cuando PDVSA preocupada por la situación de aquellos años se pregunta ¿cómo integrar a la gestión local el tema ambiental? Cuya respuesta dio luz a un enfo que más profundo que se denominó Programa de Concientización Ambiental (PCA), cuyo balance es el objeto de esta publicación.

La idea predominante fue que, no obstante los esfuerzos desplegados por muchas organizaciones, persistía en el país una grave situación ambiental, especialmente porque muchas veces no se conocían sus características, su magnitud, su importancia y su efecto en la población y en el desarrollo del país. También existía cierto desconocimiento sobre la forma en que la sociedad percibía dichos problemas, incluso en la misma gente relacionada con el tema y, sobre todo, no se veía claro cómo el poder local, municipal, podría actuar para resolver sus problemas.

En resumen, se constataba que existía poca claridad sobre cuáles son los principales problemas del país, cómo se podrían sistematizar para abordar su resolución y gestión y, especialmente, de qué modo un proceso de concientización ambiental podría aportar elementos a su solución. Estos son los visos que este trabajo pretendía reconocer.

El objetivo central de este Programa fue el de efectuar una extensiva concientización en materia ambiental a autoridades de las alcaldías, entes gubernamentales del municipio y a representantes de la comunidad, con el fin de que ellos se dedicaran, a su vez, a multiplicar este proceso, a apoyar a las comunidades en acciones concretas de conservación ambiental y se mitigaran los problemas.

Los objetivos específicos del PCA se enfocaron a dilucidar esta problemática, desde la perspectiva de tres variables principales: los problemas ambientales sentidos, la gestión de los mismos y el proceso de su concientización, todos a nivel de municipio.

Su justificación surgía de la constatación objetiva de la situación ambiental del país ya revisada para esa época. El ambiente no era una de las prioridades que percibía la nación, considerando la urgencia de los problemas de salud, alimentación, seguridad personal y vivienda, que existían-. Pero, los problemas antes mencionados, a su vez, también contribuían al deterioro ambiental, el cual se veía cada vez más grave al punto de que en algunos casos se entraba ya en el umbral de la irreversibilidad, por lo que se necesitaba actuar con premura.

Por otra parte, estaba claro que no se debía esperar hasta tener resueltos los problemas generales mencionados antes de controlar el deterioro ambiental, porque el costo en ese momento llegaría a ser muy alto y algunos podían no tener solución. Además, los sectores productivos del país, podían y deberían colaborar  para controlar o disminuir el deterioro ambiental, lo cual podría lograrse a través de la concientización ambiental de la población.

En este sentido, se consideró de partida que la clave para disminuir el deterioro ambiental era la participación de toda la población en acciones concretas, bien definidas y efectuadas en forma continua. Por estas razones, la concientización ambiental de la población se consideró la única forma de motivar y lograr su participación en esta materia.

PDVSA, como ente conductor de la actividad económica más importante del país, liderizó este programa que ayudaba a controlar este deterioro ambiental y a contribuir de esta forma a crear conciencia ambiental, a aumentar la participación ciudadana, a incentivar la gestión municipal y a intentar darle una solución definitiva a los problemas del ambiente de Venezuela.

En este sentido, para conocer la variable ambiental se estudiaron los siguientes aspectos: (1) reconocer los principales problemas ambientales de Venezuela, (2) ordenar en forma sistemática estos problemas, por municipios y, (3), representarlos cartográficamente. El alcance del Programa fue nacional y estuvo dividido en tres fases principales: Diseño Conceptual del Programa, Ejecución de una experiencia Piloto en 4 municipios y extensión al ámbito nacional del Programa (330 municipios, en aquella época).

Desde el punto de vista metodológico, se definió el siguiente marco dentro del cual se efectuó el estudio.

(1) El diseño del PCA parte con un diagnóstico documental de la situación ambiental local del país, para luego, con base en esta data proceder a estructurar una intervención concientizadora.

(2) La base del análisis del diagnóstico fueron las tres siguientes variables: problemas ambientales, gestión de los mismos y estado del proceso de concientización ambiental local.

(2a). En relación con el ambiente, se entiende que se habla fundamentalmente del medio físico, que es donde se producen los problemas, vale decir, del espacio natural, en donde se manifiesta la acción humana dirigida a modificarlo. En este espacio se reconoce que también inciden otros factores que son los que conforman la calidad de vida, aunque el estudio sólo se centró en los problemas ambientales. Esta explicación permite identificar con mayor claridad lo que en este estudio se entiende por un problema ambiental: *una acción del hombre que afecta y deteriora al ambiente.*

(2b) Sobre la gestión ambiental, ésta se ha entendido en su forma moderna, en función de los "procedimientos de uso y manejo de los recursos naturales", en la que son relevantes "las acciones, medidas y acuerdos que realiza un grupo de actores sociales respecto a un problema, asunto o reto ambiental" (Fonseca, 1988), y que en su extensión actual tiende a mejorar la calidad de vida de los habitantes de un espacio determinado. A su vez, la gestión ambiental municipal, tiene como propósito efectuar todas estas acciones a nivel local y en estrecha coordinación con otras instituciones que también tengan competencia a este nivel.

(2c) El proceso de concientización ambiental es entendido como una extensión del proceso de educación ambiental, avanzando más allá de lo puramente cognitivo y con énfasis en la reflexión dialógica, análisis crítico y acción práctica del individuo, con el fin de solucionar sus propios problemas ambientales. Como tal, se encuentra relacionado con su cultura y con su sociedad, con las que actuará para mejorar su calidad de vida.

(3) Respecto del tiempo, el estudio incorporó como marco temporal la definición de las variables en su época presente, es decir, durante el año 1996, según su reseña directa, factual o bibliográfica, sin inquirir sobre su configuración o procesos de gestación, ni sus proyecciones, sin perjuicio de que en el futuro otros estudios basados en esta información puedan proponerse tales objetivos.

(4) Por tratarse de un estudio de la problemática ambiental (problemas, gestión y proceso de concientización), los indicadores no hacen sino reflejar valores negativos (contaminación, carencias, deficiencias y otros), por lo que su solución debería lograrse a través del mejoramiento de los mismos. Los valores positivos provienen de la

amplia gama de usos y transformaciones que se hace del medio natural en las cuales se protege y no se altera el ambiente.

(5) Dado que se había detectado una base de información poco clara sobre estas variables, el estudio se efectuó sobre información factual y reconocida, excepto en lugares en donde se detectaron vacíos de información, los cuales fueron obtenidos según técnicas especiales de recopilación de información que se explican en detalle más adelante en los capítulos correspondientes.

(6) La información recopilada para los vacíos encontrados se obtuvo estudiando diferentes alternativas de muestreo que fueran eficientes desde el punto de vista científico y de la producción de información, confiables, veraces, actualizados y que pudieran utilizarse en igualdad de condiciones con similar información publicada en documentos reconocidos como técnicos, que conforman la data del resto de los municipios estudiados.

Igualmente, se revisaron estudios similares con el fin de escoger la forma más conocida, al menos en Latinoamérica, que pudieran ser sometidas a tratamiento computacional de programas especializados de planificación o estadísticos.

Por estas razones se utilizó la Técnica Delphi, adaptada a las necesidades de este estudio. Esta técnica requiere contar con un grupo de especialistas, los cuales pueden ser de diferentes disciplinas y campos de acción, pero relacionados estrechamente con la temática de interés en el estudio, los cuales entregan su opinión y experiencia en torno a consultas concretas que se les formulen.

La Técnica Delphi es considerada muy eficiente en este tipo de estudios, rápida de ejecutar y a un costo relativamente bajo en su aplicación. Las bases de la misma se encuentran en numerosos libros sobre planificación o gerencia participativa, utilizada durante estos tiempos. Como en el caso de otros procesos intuitivos, de pronóstico o encuesta, el Método Delphi se basa en el criterio de expertos conocedores de la materia, cuyas experiencias se aprovechan para "evaluar acontecimientos actuales

15

y futuros", como lo señalan K. Morales y Asociados (s/f.).

Esta técnica se ha empleado en aquellos trabajos o investigaciones en los cuales el problema a resolver es complejo y en el cual se necesitan opiniones fundadas, reconocidas en un ámbito profesional y con la suficiente experiencia para poder opinar del mismo en forma completa y detallada.

Básicamente, constituye un sistema de comunicación que se establece entre el PCA y un grupo de expertos, personas u organizaciones, que están en condiciones de informar aportando datos relevantes relativos al tema de interés planteado.

El Delphi funciona como una comunicación normal entre especialistas de un mismo tema de interés. Primero, se selecciona a los expertos que intervendrán de acuerdo a su conocimiento de un Estado determinado. Luego, se les solicita a cada uno de ellos que llenen una encuesta, a nivel de sondeo, en la cual se les orienta sobre el detalle de las variables de las cuales se desea conocer su respuesta, por ejemplo sobre problemas, gestión y conciencia ambiental, a nivel del municipio en el Estado que cada uno de ellos conoce bien.

Sus respuestas, adquieren para el estudio, calidad de autoría y constituyen una opinión original, de primera fuente, de especialista de alto nivel que señala su particular visión respecto de las variables consultadas. Ellas constituyen el material básico con que el Programa procederá a llenar los vacíos en las matrices de resultados estructuradas, y equiparan la información con una expectativa semejante a la que ha sido producida por informes técnicos publicados u otra información técnicamente reconocida.

En este sentido, la metodología general del estudio continúa su operación sin inconvenientes, procesando en forma automática las matrices previstas y produciéndose los listados esperados.

Esta metodología ha sido utilizada con éxito en estudios similares recientes, sobre problemas ambientales, como lo ilustran los informes de E. Hajek et al (1990) y el de P. Gross (1977), efectuados en América latina, así como el de D. Molnar y M. Kamerud (1975), para el ambiente en general.

Dado que esta etapa del PCA se continúa con otra en la cual se analizará esta información procesada, en cada municipio, en cierta forma ésta se constituye en un avance de las discusiones locales que meses más tarde se celebraron con las comunidades y, en realidad, constituyen el documento base para el inicio de esa consulta ciudadana, de su análisis, priorización, causalidad y el comienzo del proceso de concientización local sobre la problemática ambiental.

El estudio fue conformado por cuatro partes, las cuales constituyen centralmente esta publicación: 1) Revisión bibliográfica y teórica de las variables principales del estudio (problemas ambientales, gestión ambiental y concientización), en donde se estudian las bases conceptuales de las mismas y se proponen las categorías de análisis que se utilizaron en su estudio; 2) Análisis preliminar de los

Problemas, Gestión y Conciencia ambiental en Venezuela, en donde se presenta el resultado del estudio sobre el entorno nacional, a nivel de los 330 municipios existentes en ese entonces, respecto de las variables del PCA; y 3) Formulación del Modelo del Programa de Concientización, sus bases teóricas y su forma de aplicarlo, tanto en la fase siguiente de experimentación piloto, como posteriormente, en su extensión al ámbito nacional.

Este estudio fue realizado entre febrero y Junio de 1997, mediante un convenio institucional entre PDVSA y la Fundación La Salle (FLASA), en el cual participó un equipo de técnicos especializados, de alto nivel y la red de profesionales pertenecientes a Ecología y Educación Consultores (Eco-Ed), todos quienes conformaron el siguiente equipo del Proyecto:

**Coordinación de Eco-Ed Consultores.**
    Ing. Luis Chesney Lawrence. Jefe del Proyecto. Responsable de áreas ambiente y gestión ambiental y análisis de información sobre gestión y conciencia.
    Soc. Fanny Parilli. Responsable de áreas de Concientización, Educación Ambiental, recopilación y análisis de información sobre

problemas, gestión y conciencia ambiental a nivel de Municipio.

Lic. Dr. Juan Wong. Participación en revisión y análisis de información sobre problemática ambiental municipal e inventario de ONG's.

Soc. María Hortensia Hernández. Consultoría externa. Asesoría y asistencia técnica para el sondeo.

Prof. Ibrahim Guerra. Consultor en aspectos organizacionales y de políticas públicas.

Astrid Sánchez P. Asistente

María Eugenia Arriojas. Asistente.

Rubén Eduardo Parilli. Asistente

Ing. Deud Dumith. Responsable sondeo del Estado Amazonas.

Ing. J. J. Cabrera Malo. Responsable sondeo del Estado Monagas

### Equipo de Fundación La Salle (Flasa).

Responsable del sondeo de los Estados Delta Amacuro y Nueva Esparta. Ejecucion del proyecto correspondió a la Dirección de Educación.

Prof. Hernán Papaterra. Participación enlace inicial con FUNDACOMUN, OCEPRE y Ministerio Relaciones Interiores. Coordinación del Sondeo Nueva Esparta-

### Coordinación del Convenio Pdvsa - Flasa

Por parte de Petróleos de Venezuela (PDVSA), la Coordinación General del Convenio se lleva a cabo en la Coordinación de Protección Integral.

Ing. Carlos Corrie. Coordinador de Protección Integral.

Ing. Osmel Manzano. Coordinador General del Convenio

Ing. Juan Carlos Sánchez. Asesor.

Ing. Hernani Meinhard. Coordinador Ejecutivo del Convenio.

### Fundación La Salle (FLASA).

La Coordinación General del Convenio se llevó a cabo en la Vicepresidencia Ejecutiva

Hermano Ginés. Presidente de Fundación La Salle

Cnel (Ej.) Alberto Cabré Córdova. Vicepresidente Ejecutivo

Prof. Hernán Papaterra. Coordinador Ejecutivo del Convenio.

**ECO-ED Consultores** también agradece la colaboración de las siguientes personas e instituciones en la realización de este trabajo:

Prof. Francisco Vitoria. Dirección de Educación. Flasa.

Lic. Maritza Ballestrini. Dirección de Relaciones Municipales del Ministerio de Relaciones Interiores.

Lic María Gabriela Piñero. Dirección de Relaciones Municipales del Ministerio de Relaciones Interiores.

Lic. Osiris Maiz. Oficina Central de Presupuesto. Ocpre.

Lic. Ernesto Herrera. Dirección de Desarrollo Municipal de Fundacomún.

Lic. Magaly Domínguez. Oficina del Alcalde de Fundacomún.

Personal de la Biblioteca de Fundacomún.

Lic. Rosa Amelia González. IESA - Centro de Políticas Públicas

Lic. Clara Serfatti.

Sra. Mónica Abraham. Personal de la Biblioteca de IESA.

Geog. Zayda Pinto. Dirección de Información Geográfica de la OCEI, y personal de la Biblioteca.

Lic. Isabel Novo. Gerente General de Econatura.

Lic. Tania Manzini. Alcaldía de Pampan

Lic. Angel García Pérez. Alcaldía de Los Salias

**Profesionales del Ministerio del Ambiente y de los Recursos Naturales Renovables (MARNR).**

Lic. Gloria Lugo. Dirección General Sectorial de Educación Ambiental y Participación

Lic. .Lucy Acosta. Dirección de Planificación y Programación de la OSPP, Caracas.

21

Soc. Ana María Figueira. Agencia de Cuenca Río Tuy. Caracas.

Abog. Alberto Colmenares. Agencia de Cuenca del Río Tuy .Gerencia del Estado Miranda.

**Red nacional de Eco-Ed.**

Soc. Valentina Hurtado. Agencia de Cuenca de Río Tuy. Gerencia del Distrito Federal.

Soc. Beatriz Díaz. Región Anzoátegui.

Soc. Eneida Sánchez.

Soc. Mauricio Farías. Región Apure.

Lic. Carmen González. Región Aragua.

Lic. Ligia Vargas. Región Barinas

Lic. Nellys Hernández. Región Bolívar.

Soc. Amanda León. Región Cojedes

Lic. Tibisay Méndez. Región Falcón.

Soc. Mirla Coronado. Región Lara

Ing. Olivo Martínez. Región Mérida.

Soc. Carmen Barazarte.

Lic. Marina Albarrán. Región Portuguesa.

Soc. Mireya Fernández. Región Sucre

Ing. Ramón Sánchez.

Ing. Emiliano Moreno. Región Táchira.

T. S.U. Jaqueline Pérez. Región Zulia.

Sra. Beatriz Márquez.

Además, se agradece la atención de los Ingenieros Felix Guerra (Monagas) y Eddy González (ICLAM, Zulia).

A todos ellos vaya el agradecimiento de los Coordinadores del Proyecto por su invalorable aporte técnico y calidad humana que hicieron que este Proyecto se hiciera en forma puntual, eficiente y oportuna, lo cual ha contribuido a que su metodología y resultados tengan plena validez aún después de realizado, al punto de que la misma metodología se utilizó exitosamente después en 2007, en la Cuenca del Río Mamo, Edo. Vargas, con los mismos objetivos y similares resultados (sobre este caso ver Chesney, 2012).

Los autores del estudio esperan y confían que la información y resultados aquí presentados puedan ser útil y servir de apoyo a la solución de los problemas ambientales de Venezuela y, por sobre todo, constituyan las bases para un real proceso de concientización sobre esta materia.

# CAPITULO PRIMERO. AMBIENTE, EDUCACIÓN Y CONCIENCIA

El problema del ambiente, de su conservación para la permanencia de la vida y de la perentoria necesidad de solucionar las graves distorsiones producidas por el ser humano, han constituido los factores fundamentales de la llamada conciencia ambiental, que a mediano y largo plazo contribuirán a superar las condiciones  de deterioro que hoy afectan el quehacer ambiental.

Si se piensa que el acercamiento del hombre a su naturaleza deviene en un fenómeno de actitud ética y de la formación que recibe como individuo y como colectividad social organizada, entonces se ve con claridad que la educación y la concientización ambiental podrían ser postulados como los elementos generadores del necesario cambio en estas relaciones para que el ser humano mejore la visión que tiene del ambiente, solucione los problemas ambientales y que la sociedad adquiera una nueva cultura sobre esta interrelación con la naturaleza. Por esta razón, en los principales foros internacionales se ha hecho énfasis en esta misma forma de encarar la solución de los problemas ambientales. Así, UNESCO (1977), por ejemplo, ha sostenido que la educación ambiental "es la fuerza más poderosa que existe para llevar a cabo mejoras y cambios".

En este Capítulo se estudian estos dos factores de la problemática ambiental, la educación ambiental y el proceso de su concientización, como mecanismos para implantar nuevos esquemas de pensamiento y de actuación para resolver problemas y de enfocar el desarrollo con una perspectiva más humana. De su análisis surgirán el rol que le compete a la educación, nuevas formas de utilizar el proceso de concientización ambiental, los distintos abordajes para programas municipales y las variables concretas que identifican su estudio en el ámbito local y que permitirán identificar las particularidades de cada realidad.

La gestión de educación ambiental tal como se ha interpretado y aplicado, ha conducido a que los procesos de educación ambiental sean fines en sí mismos, con lo cual han perdido su carácter de instrumento para la participación en la búsqueda de la solución de los problemas ambientales.

En contraposición a este diseño, se postula el rescate de esa condición a través del diseño de un Modelo que surge del estudio de la realidad concreta, interpretada a través de la forma como se gestiona en la unidad municipal y la forma como deben participar concientemente los actores de ese contexto.

Es así como se pone en primer plano el proceso de concientización como herramienta fundamental para la solución local de la problemática ambiental. En este enfoque, la educación es el medio que posibilita la instalación de la conciencia ambiental individual y social.

## 1.1. La educación ambiental

Esta sección enfatiza la necesidad de incorporar los procesos de concientización ambiental a través de la educación, del estrechamiento de las relaciones entre el individuo la sociedad y la naturaleza, como factores que contribuyan a mejorar su ambiente. Se incluyen una serie de ideas que poco se han discutido y cuyo propósito es el de contribuir a un mejor entendimiento de la calidad de vida del hombre y la mujer y, por sobre todo, a la solución de sus principales problemas, objetivo último de este Programa.

El actual período de la humanidad se caracteriza por un rápido crecimiento de sus factores productivos lo que ha afectado notablemente a su ambiente. Los recursos naturales han sido explotados con intensidad sin importar las consecuencias sociales. Esto ha traído como resultado la reducción de las áreas boscosas, la destrucción de suelos, procesos de erosión, contaminación del aire, agua, daño a las especies biológicas, y, en gran medida, cambios en la biósfera lo cual afecta al hombre en general.

La interacción del hombre en su ambiente se ha intensificado en las últimas dos décadas en Venezuela, debido especialmente a la explotación de su naturaleza, lo cual ha afectado su balance ecológico. En efecto, el crecimiento de la población y la explotación de los recursos naturales han llevado a la reducción y degradación de los mismos, a lo cual deben sumarse los procesos industriales que afectan la atmósfera, los mares y el aumento de los depósitos de desechos sólidos, con lo cual el ambiente del país puede dar cuenta de una cuota cierta de contaminación. Pero, además, estos factores contaminantes también tienen responsabilidad en el área de los otros grandes problemas que aquejan al país, como lo son el hambre, las enfermedades y la pobreza.

Por esto, se ha dicho en innumerables ocasiones que el nivel de desarrollo y de bienestar de las generaciones actuales y futuras depende de las soluciones positivas y oportunas de estos problemas.

Esta es también la razón por la cual, al observar el desarrollo desde una perspectiva más amplia como lo es en sus niveles socioeconómicos y culturales, se piense que la solución a los problemas necesita de un enfoque enteramente nuevo, que estudie las interrelaciones existentes en el sistema "ambiente-hombre".

De ahí la necesidad de incorporar en la problemática ambiental a la educación y a este nuevo factor de concientización que da el sentido más profundo de la responsabilidad por un uso cuidadoso y racional de las recursos naturales.

La falta de entendimiento del lugar y el rol que desarrollan el hombre y su ambiente, así como la ausencia de conocimientos para interpretar los fenómenos de la biósfera, tomando en cuenta a los factores sociales, éticos, económicos y culturales, ha llevado también a no considerar en forma adecuada los correspondientes roles de la tecnología en el desarrollo. La principal conclusión a que pude llevar todo este argumento, es que se hace necesario encontrar un camino adecuado, en lo posible breve, para darle solución a los problemas, este es el de la educación ambiental a todos sus niveles y para todos los grupos y estratos de la población.

Aunque esta conclusión parece evidente y, en Venezuela existe cierto consenso en ello, la naturaleza de la educación ambiental ha evolucionado dentro del marco de una creciente consciencia de las relaciones existentes entre los sistemas creados por el hombre -social, cultural, político, económico y tecnológico, y el sistema natural -atmósfera, geología, biología e hidrología. Por esto, aunque la educación ambiental pueda tener una rica y profunda trayectoria, su renovación e importancia va a resultar sólo del despertar de la consciencia pública sobre los serios problemas que le aquejan.

Desde el punto de vista histórico, se puede decir que en los años sesenta no era posible encontrar mucha preocupación por el enfoque educativo sobre el ambiente y en esa época no había intenciones de darle una visión global. Sin embargo, a partir de los setenta, queda en evidencia el carácter cada vez más urgente de los problemas ambientales. Luego, viene un período de profusión en la educación ambiental, la cual incluso ha sido llamado en algunas partes, educación ecológica, educación para el ambiente, etc. Cualquiera que sea su nombre, esto no es sino una clara manifestación de su importancia, de su necesidad y de la urgencia por

31

resolver problemas provocados por la interacción del hombre con la naturaleza.

Tal vez, el mayor inconveniente que presentan estos enfoques educativos deriva de una visión tradicional de tipo antropocéntrica, en detrimento de una visión antropofísica del hombre, como parte de la naturaleza. Hoy en día parece fuera de contexto pensar que el hombre es el dueño de la naturaleza, puesto que el ambiente natural ya es considerado como básico para su existencia. Por esto, lo que se denomina el ambiente social y el concreto o material, es de igual importancia y es esencial para incorporar desde el inicio la noción de que la "gente" y las "cosas" son todas de igual importancia y son motivo de análisis de la educación ambiental.

Por otra parte, el desarrollo tecnológico acelerado por el que ha pasado el mundo durante las últimas tres décadas ha tenido un costo que ha recaído principalmente en el ser humano y en el ambiente. El daño espiritual y material inflingido al hombre es el lado oscuro del llamado progreso del conocimiento humano. La real posibilidad de sostener el desenvolvimiento de su propia cultura cada vez es puesta en mayor duda. El hombre dedicado a sobrevivir y a luchar por su existencia, tiene pocas energías para pensar en su riqueza cultural. Su objetividad se diluye, sus pensamientos se deben dirigir a mejorar sus condiciones de vida. Por eso, hoy en día, los aspectos éticos de la educación ambiental han llegado a ser los más importantes para poder tener éxito en el mundo cultural moderno.

Instituciones como UNESCO se han preocupado de la educación desde los años cincuenta por promover la protección y el uso racional de los monumentos culturales y naturales, a los cuales se les ha sometido a normativas internacionales, especialmente en los espacios de los países en desarrollo, como lo es por ejemplo, la Convención de la Haya, de 1954.También debe mencionarse al Simposio sobre Educación Ambiental realizado en Suiza, en 1966, por su aporte en la definición de principios sobre esta materia.

Desde esta misma perspectiva fue que se realizó la Primera Conferencia Intergubernamental sobre Educación Ambiental, en Tbilisi, Rusia, en 1977, más conocida como la Conferencia de Tbilisi, y que formuló el objetivo último de la educación de la educación ambiental al expresar que es el "crear conciencia, actitudes de comportamiento y valores dirigidos hacia la preservación de la biósfera, mejorar la calidad de vida en todas partes así como salvaguardar los valores éticos y la herencia cultural y natural".

Estas expresiones dirigidas a educar en torno el entorno natural, explican que el ambientalismo haya surgido con fuerza en los años setenta -aunque tenga sus raíces en el siglo pasado-., y se haya expandido con la misma intensidad tanto en los países desarrollados como en desarrollo. Las estadísticas en este sentido muestran que en 1973 existían veinte mil grupos y organizaciones involucradas en la protección del ambiente sólo en los Estados Unidos. A fines de la década, la mayor parte de los grupos comenzaron a ocuparse de problemas concretos, incluyendo a la gente que los sufría. Esto significó que los países reaccionaran frente a estas presiones. Así, en aquellos países en donde los gobiernos efectivamente sentían preocupación por las condiciones del ambiente, comprendieron los beneficios que otorga una inversión dedicada a erradicar el analfabetismo y la ignorancia entre su población, así como la conservación y el desarrollo de su economía y cultura, que impediría dejar un desierto tras ellos. Y lo contrario ocurriría en los países en que estos temas no eran importantes.

De ahí que este avance significativo de las actividades ambientales tuviera dos formas opuestas para enfrentarse en la práctica: Un grupo de países siguieron las políticas y orientaciones de UNESCO y ONU; y otro grupo, también con sus razones, ignoraron tomar en consideración a los recursos naturales en su desarrollo socioeconómico, en beneficio de la ciencia y tecnología, lo cual significó que en estos países la educación ambiental no tuviera mayores progresos. La gran causa que esgrimieron fue la de escasez de recursos financieros, lo que a luz del tiempo reflejarían más bien intereses privados. Aún así, la situación actual muestra que ha habido una tendencia hacia un reconocimiento gradual de los problemas y a resaltar el rol de la educación ambiental.

La renovación de esta educación debe mucho a aquellas organizaciones que llamaron la atención pública en nombre de la conservación. Más tarde, se ha confirmado, sin embargo, la necesidad por acciones más definidas y firmes en favor del ambiente, lo cual ha mostrado las limitaciones de aquel enfoque, lo cual ha llevado a la necesidad de interpretar la educación ambiental en forma más amplia y en un contexto más práctico que el de la pura conservación. De esta forma se ha ido dejando la visión más bien filosófica por una con mayores conocimientos y con un programa de acción más concreto.

De esta forma, una reseña de estos cambios se puede mostrar en la siguiente lista cronológica:

1968.- El concepto de ambiente, algo filosófico y pragmático, aún no está integrado.

1970.- El concepto de educación ambiental enfatiza las habilidades y enfoques que se necesitan para entender las relaciones entre el hombre, su cultura y el ambiente biofísico.

1971.- Se incluyen determinados valores y la habilidad para pensar con claridad sobre problemas ambientales complejos.

1972.- Se extiende hacia la información general y hacia la formación de futuros especialistas.

1974.- Busca llegar a ciertos objetivos de protección ambiental, no es todavía una rama separada de la ciencia o sujeto de estudio especial.

1975-77.- Aunque ya se visualizan graves problemas, persiste un enfoque no claro sobre cómo el hombre debe trata al cada vez más complicado y siempre cambiante ambiente. UNESCO plantea que " el futuro de nuestro aire, agua, suelo, bosques y recursos minerales en el largo plazo depende de las relaciones entre hombre y naturaleza" (1977).

En los años ochenta viene uno de los cambios más importantes en el enfoque de la educación ambiental, el cual es motivado por el nuevo campo que se abre cual fue el de las relaciones entre desarrollo y ambiente. Esto ha llevado a una comprensión más completa de que el desarrollo debe incluir, entre otras cosas, un continuo mejoramiento de la calidad de vida, a la erradicación de la pobreza y a una justa participación de la gente en los beneficios del desarrollo. En resumen, la relación entre ambiente y desarrollo es un concepto clave, y para tener un mejor entendimiento de esta relación se necesita de una educación ambiental más completa.

En este sentido la educación ambiental debería ser considerada como un proceso que ocurre *para* y *en* el ambiente. Por *para*, se entiende que el objetivo de toda educación, y en especial la del ambiente, es permitir que un individuo satisfaga sus potencialidades y aspiraciones al tiempo que adquiere un sentido de responsabilidad y compromiso para mejorar la calidad ambiental en beneficio de toda la humanidad. Por *en*, se expresa el hecho de que  todos los recursos del ambiente deben ser usados en la experiencia educacional.

No debe olvidarse que la educación ambiental se desliza alrededor de tres ejes básicos: (1) la educación en la cual el ambiente representa un medio, (2) la educación respecto del ambiente, y (3) la educación del individuo como ser viviente en un ambiente de una calidad dada, quien es también responsable por esa calidad.

Pero, también debe quedar claro que la educación ambiental en su moderna visión es, ante todo,  una nueva forma de enfocar la educación hacia las relaciones existentes entre la gente y su ambiente, es una educación basada en la experiencia que usa todos los recursos  naturales y humanos como medio para aprender en laboratorio, es un enfoque interdisciplinario que une cada tema de estudio con un objetivo unitario, aplicable a la tierra en su conjunto, es un enfoque centrado en la vida, orientado hacia el desarrollo de las comunidades y dirigido a capacitar a ciudadanos responsables, motivados y conscientes.

De esto se puede comprender bien que la educación ambiental forma parte de todo el pensamiento y de todas las acciones culturales en su sentido más amplio. Su principio es una estrategia que presupone conocimientos de las ciencias naturales, la tecnología, la historia y el conocimiento de la sociedad, así como la capacidad intelectual para analizar y sintetizar con una visión de crear nuevos patrones funcionales.

Por esto, la educación ambiental da prioritaria importancia a un enfoque de resolución de problemas, al mismo tiempo que es esencialista o multi-interdisciplinario, por ejemplo, se preocupa de todos los problemas y temas relacionados con las acciones del hombre y con la naturaleza, con la ecología y con lo social, con la política y con lo económico, y con la cultura y los valores estéticos del ambiente.

Por otra parte, la noción de globalidad, tan en boga en los años noventa, como la de democracia duradera y de educación permanente, tienen una gran trascendencia en la forma como se conceptúa y organiza la educación ambiental, puesto que ésta debe ser duradera, estar al servicio de todos, incluida en todos los niveles educativos y, en definitiva, debe constituirse en un proceso que se abra y no rechace las fases de integración.

El principio esencial de la educación ambiental, por tanto, es que a través de ella cada individuo puede y debe adquirir conocimientos y habilidades que le permitan participar en todas las decisiones necesarias para la resolución de los problemas y compartir en forma responsable la planificación y la administración de una sociedad democrática.

Para entender adecuadamente el significado, relevancia, necesidades y prioridades de la educación ambiental en un país dado, es esencial conocer primero cómo el país mismo percibe y cuida su ambiente, y en forma secundaria, saber el rol y funciones de la educación en las preocupaciones de la sociedad. Esto permitirá efectuar las adaptaciones necesarias para una correcta forma de enseñar en un lugar específico y sobre los conceptos de su ambiente.

Pero también se debe puntualizar que ningún grupo solo, o nación, cultura o escuela del pensamiento puede atribuirse tener todas las soluciones a los problemas creados por la interacción del desarrollo económico y la calidad de vida, dentro del ambiente. Los especialistas en educación ambiental constituyen, tal vez, los primeros especialistas que sienten preocupación por una educación de todos y para dar nueva importancia de los potenciales de la sociedad en el contexto de una creciente conciencia ambiental.

Los principales objetivos de la educación ambiental fueron establecidos en la Conferencia de Tbilisi en la forma siguiente:

**Conciencia**: para ayudar a grupos sociales e individuos a que adquieran conciencia y sensibilidad por el ambiente y sus problemas asociados.

**Conocimientos**: para ayudar a grupos sociales e individuos a obtener una variedad de experiencias y el entendimiento básico del ambiente y de sus problemas asociados.

**Actitudes**: para ayudar a grupos sociales e individuos a que adquieran un conjunto de valores y sentimientos de preocupación por el ambiente, así como la motivación por una participación activa en su mejoramiento y protección.

**Habilidades**: para ayudar a grupos sociales e individuos a adquirir habilidades para identificar y resolver los problemas ambientales.

**Participación**: para proveer a grupos sociales e individuos de la oportunidad de estar incorporados activamente en todos los niveles de trabajo que conduzcan a la resolución de los problemas ambientales.

Los aportes conceptuales y técnicos emanados del ámbito internacional fueron concretándose en América Latina de forma muy disímil, debido a la decisión política que cada país ha tenido para asumir o no los lineamientos técnicos precedentes y en función de la capacidad instalada para asumir los mismos. Muestra de ello son las experiencias realizadas en los países que se refieren a continuación:

En Colombia se conoció una experiencia importante en el llamado Colegio Verde, que lleva a cabo un Proyecto en treinta fincas y en las escuelas rurales del Alto Ricaurte (Boyacá). El centro del Proyecto es la agroecología y el control de la erosión. Colombia ha dado muestra muestras de interés en este campo de la conservación, al punto que destinaba un 0.5% del PIB a la defensa de los ecosistemas.

Los países del Convenio Andrés Bello (SECAB) han puesto en marcha el Proyecto Medio Ambiente y Desarrollo Social (MADS) centrado en seminarios que se ocupan de la educación ambiental.

En Bolivia, la Universidad Andina "Simón Bolívar" y SECAB, realizaron seminarios en la región sobre "Marcos Humanos en la Gestión Ambiental".

En Ecuador, el Comité Internacional de Protección del Ambiente (CIPA) realiza campañas para crear conciencia entre los habitantes sobre problemas ambientales. En este país en muy productiva la gestión que desarrollan las ONG ambientalistas.

En Panamá, la UNESCO cooperó para la incorporación de la educación ambiental en la formación de los docentes a nivel primario.

Entre la diversidad de iniciativas que se llevan a cabo Brasil, Argentina y Chile han estructurado estrategias importantes para efectuar los cambios curriculares en los niveles de educación básica y media agrícola.

En este contexto surge, como iniciativa del PNUMA, la Red de Formación Ambiental para América Latina y el Caribe que lleva diez años de actividades y ha organizado aproximadamente más de cien seminarios, talleres y cursos de especialización a nivel de postgrado.

De esta manera se va extendiendo en Latinoamérica la acción de educación ambiental. (Diez Hochleitner, 1993).

Dentro de este contexto, Venezuela es uno de los países que tiene mayor trayectoria en este campo. La gestión administrativa del Estado Venezolano en relación con la educación ambiental se fundamenta en la Leyes Orgánicas del Ambiente, de Educación y en la de Régimen Municipal y otras leyes y decretos específicos. Todo ha estado encauzado por un amplio Programa que permitió adaptar las recomendaciones de Tbilisi a las condiciones nacionales y locales.

La estrategia programática ha estado orientada a incorporar la dimensión ambiental en los programas educativos que conducen las instituciones públicas y privadas en el país, así como también a organizaciones de la más variada índole que tienen programas educativos, divulgativos y de desarrollo social.

El programa ha venido abarcando, progresivamente, las áreas de investigación, educación escolar y la educación extraescolar que incluye divulgación educativa y participación ciudadana.

El proceso de educación ambiental en Venezuela, ha tenido una evolución favorable en su orientación y operatividad y es satisfactorio en cuanto a sus productos técnicos. Esto ha rendido beneficios directos e indirectos, tangibles e intangibles al país que se ha traducido en los siguientes aspectos:

- Se han sentado las bases para una formación ambiental.
- Se ha avanzado en alcanzar los objetivos misión del Estado cuando refuerza la educación formal del venezolano, orienta los procesos educativos, fomenta iniciativas públicas y privadas y orienta la participación ciudadana.
- La aplicación de las recomendaciones de Tbilisi y Moscú se han operativizado en un 80%.

Se observa un importante progreso técnico, sin embargo, existe lentitud en la creación de una conciencia conservacionista en los usuarios y en la población por las siguientes razones:

- La formación de conciencia ciudadana es un proceso lento y difícil.
- Es un proceso que exige sistematización, permanencia y recursos especiales  para tenga alcances poblacionales significativos.
- Discontinuidad en la gestión de educación ambiental.
- Insuficiente personal especializado y con experiencia en la materia. (MARNR, 1987).

## 1.2 La conciencia ambiental. Conceptos generales.

Para los efectos de este trabajo, es necesario empezar señalando que la especie humana es el resultado de dos procesos evolutivos diferentes pero interrelacionados: la evolución biológica y la evolución cultural. La primera es común a todos los organismos vivos; la segunda es característica de la especie humana. Ya se ha señalado en muchas ocasiones que el ritmo de la evolución cultural y social puede ser muy rápido, y que comparado con el de la evolución biológica del hombre, es completamente diferente y aumenta continuamente a un ritmo que puede ser incluso superior a una función exponencial. La causa principal del ritmo acelerado de la evolución cultural es el aumento de la velocidad y cantidad de comunicación, de la que la educación es un ejemplo institucional.

El hombre nace dentro de una cultura en un momento dado, por lo tanto, nunca podremos analizarlo desprendido de la situación histórica en que vive. Esta sociedad a la que el hombre ingresa, lo condiciona e influye a través del proceso de intercambio con las personas que la constituyen. En este proceso se va formando la personalidad individual de tal forma que, con el tiempo, la persona llega espontáneamente a actuar, pensar, ver y sentir las cosas según maneras que comparte con otros miembros de su sociedad; y, en la medida en que se convierta en un productor de influencias así como receptor de ellas, sirve para perpetuar esas maneras de actuar, pensar, vivir y sentir las cosas.

Es así como estos dos elementos fundamentales para los seres humanos, su personalidad y la cultura en la cual se desenvuelve, son producto de su propia creación, al influirse mutuamente con las personas que le rodean, creando y manteniendo formas conductuales compatibles con su realización personal.

No se puede pensar en el hombre como un simple receptor y transmisor cultura. De ser así, en esas condiciones, sería simplemente un ser sin historia, una simple arcilla moldeable, un eslabón más en una cadena. El hombre, en la medida en que es un ser ubicado en el espacio y en un tiempo determinado, sería afectado por esa situación única de vivir; pero esa situación no es una prensa que lo moldeará de una forma determinada, sino que más bien, representa el desafío que su mundo le plantea y frente al cual debe dar una respuesta.

La forma de esa respuesta es la que dirá si el hombre renuncia a la esencia misma de lo humano y, rindiéndose ante este desafío, posterga sus posibilidades de realización personal y se limita a acomodarse a las exigencias ambientales. Deja de ser hombre para transformarse en una hormiga en una sociedad de hormigas. O bien, aceptando hacer uso de la capacidad única del hombre de transformar su ambiente y hacer su historia, decide modificar su mundo circundante para una mejor realización personal.

De ahí que sea relevante la afirmación de Freire cuando al referirse a este tema expresa que "al relacionarse con su realidad, al aceptar sus desafíos, al integrarse en y con ella y dar respuestas modificatorias, el hombre va conformando épocas históricas que llevan en sí valores que corresponden a sus aspiraciones de sujeto y que son capaces de permitir el desarrollo pleno de él. Así el hombre hace cultura, campo que también sólo a él le pertenece. Para que este hecho se pueda dar, deben cumplirse las condiciones que permiten al hombre ser persona". (Cuevas, 1970).

Entre las características fundamentales del hombre tenemos su inteligencia y voluntad. La inteligencia del hombre radica en la *capacidad de objetivar*, es decir, de despegarse de su situación vital, de emerger de su medio y conocerlo como algo distinto de sí mismo; en otras palabras, de elaborar un pensamiento por el cual comprenda la realidad que lo rodea y la suya propia.

La otra característica que tiene, tan importante como la primera, es la voluntad, su capacidad de *autodeterminarse*. El hombre es un ser libre, con capacidad de decisión, dueño de sus actos y de su destino.

De estas características se desprende que *una persona es el ser que da sentido y transforma el mundo en que vive.*

Donde la persona resume todas sus potencias humanas es en el proceso creador. Parte de lo que le es dado, del conocimiento de una realidad, y por medio de un acto de voluntad de libre compromiso, transforma esa realidad a través de su acción.

La dignidad de la persona radica en que es un ser responsable de sus actos, capaz de gobernarse por sí mismo y de dominar y dar sentido a las cosas.

Analizadas las características de la *persona humana*, corresponde ahora ver las condiciones que hacen posible que el *hombre sea persona*.

El hombre nace en un momento dado, en una sociedad dada. Esta sociedad afecta la personalidad del sujeto imprimiéndole ciertos moldes conductuales básicos. Para que el hombre actúe sobre estos moldes conductuales y los supere, transformándoles en pro de una mejor realización personal, es necesario que primero capte su realidad en toda su dimensión, llegando hasta las causas determinantes de los distintos fenómenos que percibe. Así, es capaz de distinguir lo circunstancial y lo causal de su realidad empírica y, por tanto, sentirse capaz de cambiarla, de transformarla, de hacer su histor

No obstante, el hombre aborda su realidad desde diferentes perspectivas. Muchas veces, el hombre es aplastado y controlado por la sociedad, de tal forma que vive su propia realidad como dada, como acabada, la capta prestándole un poder superior que lo domina desde afuera y al cual tiene que someterse con cierta docilidad, esta captación es la *conciencia mágica*, que crea una actitud fatalista en el hombre. Es el hombre sumergido en su realidad, atado a sus necesidades biológicas primarias, incapaz de objetivar su mundo ambiental. En la conciencia mágica no se tiene la relación causa-efecto, llegándose a un estado de mentalidad irracional.

Cuando el hombre se niega, inconscientemente, a buscar las causas reales de los fenómenos que vive y elude el compromiso, se coloca fuera de su realidad y comienza a explicársela partiendo de sus propias necesidades. Esta situación lo sumerge en la *conciencia ingenua*, porque es una comprensión arbitraria de los hechos. El hombre que tiene conciencia ingenua se siente superior a los hechos dominándolos desde afuera y por esto se juzga libre de entenderlos como mejor le agrade.

El paso de conciencia mágica a conciencia ingenua está en ser capaz de captar y ver el mundo que le rodea como posible de explicárselo, como *"producto de..."*; pero que aún no llega a las causas reales del fenómeno, sino que se conforma con interpretaciones simplistas, periféricas. Es como el niño que recién comienza a caminar separado de sus padres, y que al dar sus primeros pasos, el temor de caer lo lleva a afirmarse en cualquier objeto cercano. Se acepta cualquier explicación inmediata, se teme la investigación, falta objetividad.

Producto de esta conciencia ingenua, el hombre atemorizado ante la responsabilidad y el riesgo de hacer su historia, renuncia a su posibilidad de expresarse "humanamente", se afirma en algunos postulados y busca explicar con ellos toda la realidad. Cuando el hombre cae en este error, se está ante la descomunal *conciencia fanática,* "una conciencia fanática produce una pérdida de sí mismo y surge el mito. Este mito consiste en atribuir valor absoluto a entes que sólo tienen valor relativo. Estos mitos surgen en una sociedad masificada en que el hombre renuncia a sí mismo para seguir percepciones ajenas" (Cuevas, 1970).

En síntesis, la conciencia mágica es producto de una realidad en la cual el hombre se halla inmerso y de la cual es incapaz de separarse por sí mismo. Es una forma de pensar basada en la fe, la imaginación, los deseos, las emociones o las tradiciones, y como tal, genera opiniones carentes de fundamentos lógicos. Es una creencia en que los propios pensamientos, palabras o actos causarán o evitarán un hecho concreto. Este raciocinio desafía las leyes de causa y efecto.

En el transcurso de la evolución personal, la realidad cambia suficientemente para el individuo, quien superando sus necesidades biológicas primarias puede irse abstrayendo un poco de su situación y observarla. Cuando esto ocurre, se produce el paso de la conciencia mágica a la conciencia ingenua, y en este momento es cuando el individuo alcanza la posibilidad de autodeterminarse, la cual trae consigo la angustia básica, "el miedo a la libertad" y el temor; que si no se supera, puede llevar a la persona al otro extremo a la sociedad masificada, a los "mitos"; a la conciencia fanática.

Es en este mismo momento cuando se hace necesario el "reforzamiento" de los aspectos humanos modernos, cuando se debe fortalecer al individuo y ayudarlo para que perciba su realidad en toda su dimensión, lo cual implica enfrentar los valores que la cultura entrega problematizándolos, investigándolos, buscando sus causas profundas, para así poder mejorarlos, rechazarlos, recrearlos, a fin de permitir la plena realización de todos los miembros de la sociedad.

Ese es el estadio de "darse cuenta de", sólo posible en la conciencia ingenua; pero que debe acompañarse de la *personalización* necesaria para que asuma su propia responsabilidad, sea capaz de crear y de transformar. En una palabra, adquirir una *conciencia crítica* de su realidad y, en consecuencia, actuar sobre ella.

### 1.3 El proceso de concientización

Esto último es el fenómeno social que se conoce como el proceso de *Concientización*. El mismo se puede definir como *"el proceso que lleva al hombre desde la conciencia ingenua a la conciencia crítica"*. En otras palabras, es el proceso humanizador que enseña al hombre a enfrentar su propia realidad, a analizarla, a investigarla, a objetivarla, hasta llegar a las causas reales de los fenómenos que observa y vive y, así, al explicársela, ser capaz de crear respuestas modificadoras de ese ambiente en búsqueda de una mejor autorealización suya y de los individuos con quienes comparte esa realidad. Esto quiere decir que la concientización es el cambio de la percepción distorsionada del mundo.

Como derivación de lo antes expuesto se pueden señalar algunos puntos básicos sobre la concientización:

- La conciencia determina los modos por los cuales el hombre se relaciona con el mundo y con los otros hombres, y es socialmente determinada,

- Se puede transformar (desalienarse, volverse transitiva crítica, hacerse conciencia de opresión, transformarse en conciencia clara), hasta llegar al punto en que se coloca como condición concreta y necesaria de las posibilidades de compromiso personal con las acciones colectivas de transformación humanizadora de la sociedad.

- Para llegar a transformarse en conciencia capaz de saber, prever, querer y comprometerse con proyectos presupone una intervención de tipo educativo

- A través de esta intervención se llega a la concientización, que es el proceso mediante el cual la conciencia (alienada, intransitiva, oprimida, visceral) se actualiza:, alcanza un nivel o un modo adecuado de representación de la realidad social que, a su vez, motiva la participación en procesos de transformación social asumidos por los actores involucrados. El elemento esencial en esta evolución es la Educación vinculada a un proceso de apertura de la persona.

En este proceso la sociedad predetermina "maneras personales de ser", por el hecho de determinar las relaciones interactivas de que resultan esas "maneras de ser", y todo lo que esta contenido en ellas. Esto se explica porque, en la época actual, las personas aprenden con las personas. El proceso de aprendizaje no abarca puros actos de imitación, sino que es producido principalmente por la propia interacción entre agentes de comportamiento, a través de la manera como cada sujeto, personalmente, incorpora en sí su propia experiencia de la interacción, y sus contenidos, tal como él, los representa en su conciencia.

Las externalizaciones de los agentes de socialización (madre, padre., educadores, compañeros, grupos sociales, etc.) no son sólo de tipo interactivo, son producidos en situaciones sociales, bajo la forma de acciones sociales configurados por relaciones entre instituciones y legitimaciones sociales.

No obstante, la sociedad no establece patrones comunes de participación en su "orden establecido", solamente lo hace sobre los comportamientos socializados desde la infancia y la adolescencia y sobre patrones de comportamiento de su vida cotidiana, y éste es el más importante aspecto para una reflexión de aplicación práctica en la educación.

Además, los controles que el orden social establece sobre sus participantes están distribuidos por incontables maneras de "realizar" comportamientos y participaciones de personas y grupos en sectores de la sociedad, por lo que este aspecto es importante para poder entender el proceso de concientización (Barreiro J., 1978, pp. 22 y118).

Si se resume todo lo expuesto hasta el momento, puede empezar por concluirse que una toma de conciencia válida significa para el grupo lo siguiente:

a) La adquisición de nuevos conocimientos (producidos en las condiciones más dialogales posibles), construida teóricamente en situaciones pedagógicas (escolares o no) como una preparación de agentes concientizados, para una participación crítica y radical en una sociedad a transformar.

b) Es la aprehensión e internalización de una situación en su dimensión auténtica. Por lo tanto concientizarse no debe confundirse con intelectualizarse.

c) Es el resultado de un tipo de acción dialogal dirigida a partir de la cual los actores sociales descubren los valores y los criterios de su propia representación.

Para que un proceso de concientización se convierta en una acción transformadora tiene que estar establecida sobre la viabilidad de participación movilizada y crítica de sus agentes, y utilizar a la educación como un instrumento de desarrollo de conciencia crítica  en la medida que aporte instrumentos para que los actores de transformación sean capaces de vivir a lo largo de su acción esa dinámica de lo concreto en la relación acción-reflexión, la cual esta conformada por los siguientes elementos:

- Crítica de la realidad vigente.
- Acción movilizada de transformación de la realidad social.
- Revisión crítica de la acción realizada
- Reformulación de la acción transformadora
- Revaluación crítica de la realidad social.

En términos prácticos, es posible considerar una educación como forma de acción transformadora, en la medida que ella crea situaciones para una permanente reflexión-acción de los dos polos realidad existente-acción necesaria.

Uno de los problemas más serios en la conquista de esa acción transformadora es la constitución de un nivel inicial mínimo de organización. La educación es un instrumento útil para la organización inicial, y para su progresión.

La acción transformadora debe representar un nuevo *proyecto global de relaciones sociales* que se opone a las interpretaciones corrientes de la realidad social. La educación  puede ser uno de los instrumentos de resignificación de la propia realidad social en la medida en que se vuelve una *situación organizada* del encuentro de personas que actúan colectivamente en la tarea de transformar una situación dada.

Thomas G. Sanders, quien ha estudiado detenidamente la pedagogía de Freire da la siguiente definición de "concienciación": "significa un despertar de la conciencia, un cambio de mentalidad que implica  comprender realista y correctamente la ubicación de uno en la naturaleza y en la sociedad; la capacidad de analizar críticamente sus causas y consecuencias y establecer comparaciones con otras situaciones y posibilidades; y una acción eficaz transformadora."(Cit. por Barreiro, 1978).

Desde la perspectiva educativa la concientización se logra a través de estrategias que:

- Ubican a la persona mediante la vivencia o análisis, ante situaciones que implican compartir los pensamientos y las acciones de necesidades comunes.
- Propician el intercambio y la comunicación efectiva, a través de la cual se comparte un conjunto de dos dimensiones indicotomizables, reflexión y acción. Por eso, el acto educativo es de tipo dialogal
- Facilitando que el encuentro no se de en el vacío, sino que se de en situaciones concretas, de orden social, económico, político y técnico.

Esto significa que nadie educa a nadie, que nadie se educa solo y que los hombres se educan entre sí, seducidos por el mundo que los rodea.

## 1.4 El modelo de la concientización de Paulo Freire

La formulación del modelo de concientización surgió al plantearse un Programa de Concientización Ambiental (PCA), en el cual se descodificaron por primera vez estas ideas de Paulo Freire, y del cual no se tenían referencias de alguna aplicación a la solución de problemas de este tipo.

De acuerdo con las ideas de Freire ya revisadas, se elaboró un diagrama especial del modelo de concientización, en donde se presenta su descodificación, tanto para entender el proceso como de las intervenciones que se pueden plantear. Se presentan dos columnas. En la primera, se visualiza el proceso de desarrollo de la conciencia en su condición normal, y en la segunda columna se muestran las intervenciones que se concibieron para cambiar la condición normal y obtener los productos finales, mejorados, luego de cada intervención, las que en definitiva llevarían a una situación de conciencia crítica.

La primera columna corresponde al proceso normal de adquisición de conciencia de una persona, empírico, y en condiciones normales. Esto significa que a una persona, usualmente, a partir del contacto con los hechos, fenómenos o realidad objetiva que la rodea, le surgen ideas y conceptos. Esta identificación pura y directa de la *esencia* de una cosa le permite darse cuenta y disponerse a crear y a transformar, es decir, a actuar. No obstante, este estadio del proceso es incompleto si no se concreta mediante la acción materializada.

Con este punto de partida, se inicia la estrategia del modelo, para incidir y activar los procesos fundamentales que configuraran la formación de conciencia, y de esta manera ir obteniendo objetivos parciales que conducirían, posteriormente, a obtener una concientización ambiental.

En la segunda columna se indica la estrategia diseñada para intervenir en el proceso antes descrito. Las intervenciones que se practican aquí van dirigidas a alcanzar, progresivamente, por una parte, la superación de las etapas de conciencia normal, hasta llegar a la adquisición de la conciencia crítica sobre las imbricaciones de lo ambiental con las actividades económicas, políticas, sociales y culturales; y, por la otra, a impulsar un proceso de sinergia entre los actores, que se concrete en una propuesta de trabajo común para solucionar el o los problemas ambientales que los actores consideran prioritarios. La adición sucesiva de estas intervenciones daría, al final del proceso propuesto, el grado de conciencia crítica ambiental deseable de los actores para poder resolver los problemas.

Entre las distintas intervenciones propuestas en el PCA, se pueden mencionar las siguientes:

- *Intervención orientada*
  Destinada a incidir en la motivación de los actores por el valor del tema ambiental, para el individuo y para la localidad.
  Esta incide en el proceso de apreciación de su realidad objetiva y cultural.
  El producto esperado aquí es un cambio o reforzamiento de la sensibilización o idea primigenia sobre el ambiente.
- *Intervención estructurada*
  Incide en la forma tradicional de enfrentar las realidades ambientales.
  El producto esperado es un nivel o modo adecuado de representación de su realidad ambiental.
- *Intervención de orientación*
  Es la forma de objetivar la realidad ambiental.

Incide en la aptitud para obtener las causas reales de las situaciones ambientales que observa y vive.

El producto esperado es un conocimiento objetivo de su situación ambiental.

- ***Intervención de inducción***

    Induce a la valoración de la organización social cogestionaria en pro del ambiente.

    Incide en la capacidad de crear y transformar.

    El producto esperado es la conformación formal de un equipo líder que promueva y ejecute un futuro Convenio Ambiental Municipal para la acción.

- ***Intervención concreta***

    Para concretar cambios en el entorno.

    Incide en los procesos para estructurar y concretar acciones orientadas a la solución de situaciones reales relacionadas con las necesidades sentidas de sus habitantes.

    El producto esperado es la solución de uno o varios problemas ambientales.

- ***Intervención de apoyo***

    Incide en el rescate de los valores por la promoción socio-ambiental, la credibilidad en los procesos de democratización, y los procesos de cogestión ambiental.

    Incide en el rescate de la autoestima personal y social.

## MODELO DE CONCIENTIZACIÓN AMBIENTAL
## ESQUEMA TEÓRICO

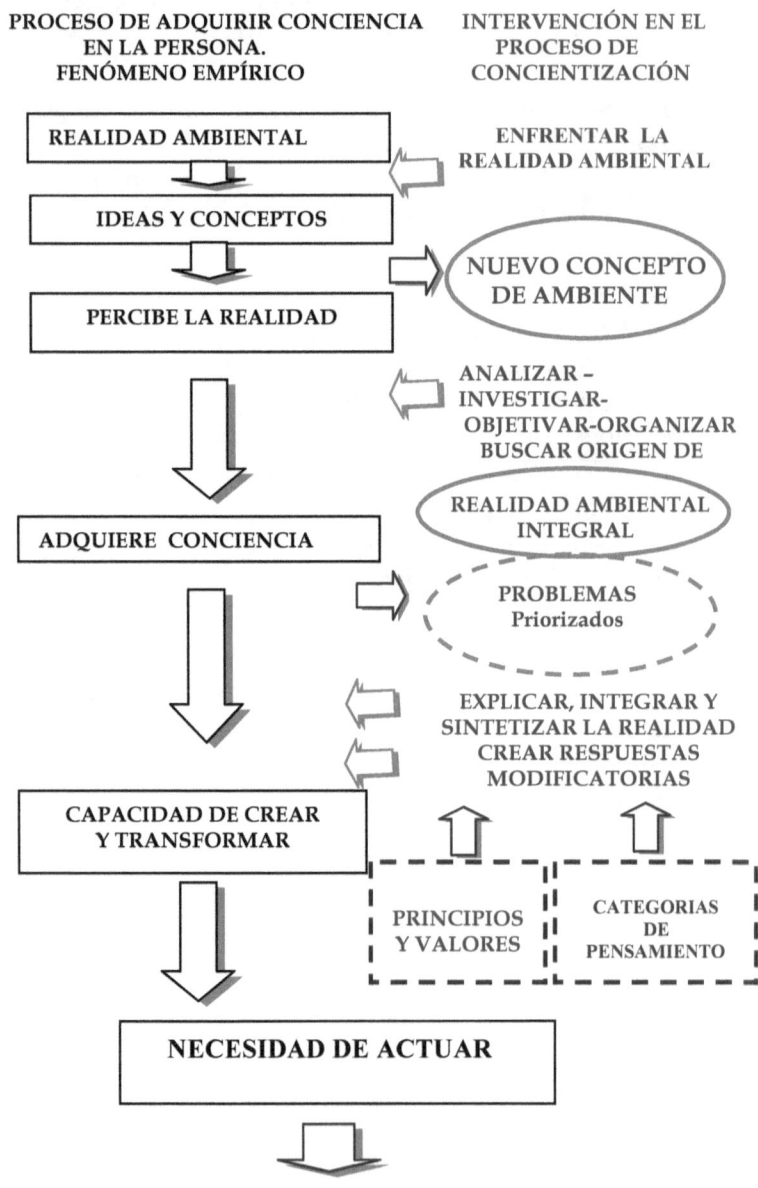

PROCESO DE ADQUIRIR CONCIENCIA
EN LA PERSONA.
FENÓMENO EMPÍRICO

INTERVENCIÓN EN EL
PROCESO DE
CONCIENTIZACIÓN

REALIDAD AMBIENTAL

ENFRENTAR LA
REALIDAD AMBIENTAL

IDEAS Y CONCEPTOS

NUEVO CONCEPTO
DE AMBIENTE

PERCIBE LA REALIDAD

ANALIZAR –
INVESTIGAR-
OBJETIVAR-ORGANIZAR
BUSCAR ORIGEN DE

REALIDAD AMBIENTAL
INTEGRAL

ADQUIERE CONCIENCIA

PROBLEMAS
Priorizados

EXPLICAR, INTEGRAR Y
SINTETIZAR LA REALIDAD
CREAR RESPUESTAS
MODIFICATORIAS

CAPACIDAD DE CREAR
Y TRANSFORMAR

PRINCIPIOS
Y VALORES

CATEGORIAS
DE
PENSAMIENTO

NECESIDAD DE ACTUAR

68

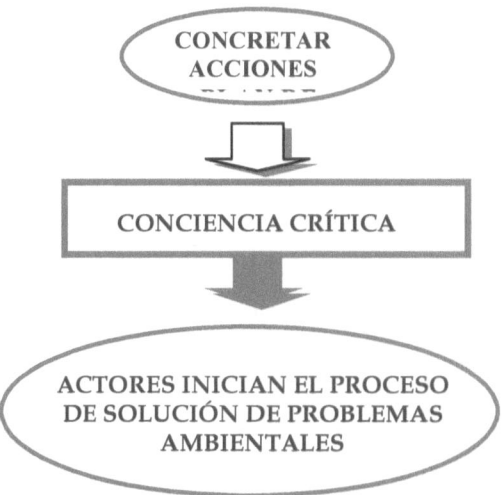

El modelo se debe considerar como una actividad programada que pretende contribuir a reforzar la formación ambiental y de gestión de los actores sociales de una localidad. El Objetivo central del Modelo es lograr la concientización en materia ambiental a representantes de las organizaciones públicas, privadas, ONG, individuos y organizaciones comunitarias promovidas para que asuman el proceso y se dediquen a multiplicarlo, a implantarlo y a apoyar a las comunidades en acciones concretas de prevención y conservación ambiental.

La actividad con los actores se realiza a través del análisis vivencial de su situación ambiental y del desarrollo de un proceso dialogal en una relación horizontal entre facilitadores preparados y participantes, a partir de lo cual los actores empiezan a enunciar sus propias realidades, a aprehender las relaciones e interdependencias y a crear una disposición de ánimo especial para que, de manera individual y colectiva, obtengan y mantengan relaciones adecuadas con los diferentes elementos que integran el ambiente del municipio. El instrumento o medio para realizar la concientización es la información ambiental.

El método que se propone es el activo y de espíritu crítico. Nace de una matriz crítica y genera crítica. Se nutre de la empatía, humildad, esperanza, fe y confianza. La información se proporciona de tal forma que requiere de los participantes la reflexión constante.

La premisa esencial de la concientización es la de establecer un creciente sentido de control de su actividad como ser humano, la cual se desarrolla conforme aumenta la comprensión social que acompaña el conocimiento de su ambiente y la utilización de este insumo para analizar las posibilidades de cambio y de solución de los problemas ambientales.

Los principios que sirven de orientación al modelo se sustentan en la teoría de la concientización de Freire, la cual está íntimamente relacionada con los objetivos y principios de la educación ambiental. Estos principios son los siguientes:

- Hacer participar a los actores en la organización de sus experiencias de aprendizaje y darles la oportunidad de tomar decisiones y asumir responsabilidades.
- Establecer una relación, entre la sensibilización por el ambiente, la adquisición de conocimientos prácticos, la actitud para resolver problemas y la clarificación de valores en torno a él.
- Ayudar a que los actores descubran los efectos y causas reales de los problemas.
- Subrayar la complejidad de los problemas ambientales, desarrollar el sentido crítico y las aptitudes de los actores para resolver estos problemas.
- Utilizar el método activo, dialogal y participante, según el siguiente esquema:

**Fuentes esenciales para inducir la conciencia crítica**
Las necesidades sentidas de los actores se consideran el punto de partida a través del cual se aglutinan los intereses de los actores y se activa el proceso de concientización ambiental. Se delinearon las siguientes necesidades afines al área ambiental:

*Las necesidades del hombre*

- Protección del ambiente.
- Conservación de la salud.
- Bienestar general.
- Utilidad de las cosas.

*La necesidad intelectual, social y física*

- El tema ambiental crea situaciones favorables que conjugan el impulso interior del individuo y las posibilidades del entorno.

*La necesidad de democratizar la cultura*

- La complejidad del tema ambiental permite abordar un proceso que significa un acto de creación que desarrolla la impaciencia, la vivacidad, la invención y la reivindicación.

*La necesidad de captar el origen de situaciones concretas*

- La apreciación de los nexos causales, permite que la captación sea tanto más crítica, cuanto más profunda sea la aprehensión de las correlaciones causales y circunstanciales.

## *La necesidad de identificar las condiciones de la realidad*

- La integración del individuo a su espacio y tiempo le ayuda a reflexionar sobre su vocación como sujeto activo.

## *La necesidad de comprender o darse cuenta.*

- Luego de captado el desafío, comprendido, admitidas las respuestas hipotéticas, el hombre actúa. La naturaleza de la acción corresponde a la naturaleza de la comprensión.

Este modelo fue aplicado en los dos casos que se presentan más adelante. Es importante señalar que los contextos de ambos, en donde se aplicó el modelo, son diferentes y los productos finales no son comparables, aunque obviamente tienen puntos en común, razón por la cual el análisis de los resultados se centra en los cambios obtenidos en el proceso de toma de conciencia, que es el punto central de este trabajo.

## 1.5 El cambio a la cultura ambiental

Con base en lo expuesto, se ha considerado fundamental plantearse que una de las actividades más profundas que exige el establecer una programa de esta naturaleza, como lo es el PCA, es el relacionarlo y cohesionarlo con la sociedad, de ahí que se haga necesario plantear una nueva cultura de participación en lo ambiental en el país.

El fundamento imprescindible para un cambio de esta naturaleza es el de establecer un nuevo consenso cultural, sobre el objeto que tiene para el venezolano su ambiente y sobre las responsabilidades que supone sus actividades, lo cual es objetivo del PCA. Para alcanzar este nuevo consenso -nueva cultura-, se requiere una transformación paulatina pero profunda de los fundamentos que inspiran tanto las opciones individuales como las que definen el marco institucional del ambiente.

Esta transformación será de corte cultural en la medida que replantee los usos y costumbres ligados a las relaciones que establece el hombre con su ambiente.

Una cultura como la actual, fundamentada en la idea de explotación irracional de los recursos naturales y en la contaminación de su entorno, induce a su destrucción y con ello todos los valores de la sociedad. La manifestación concreta de esta concepción es el denominado Modelo de Decisión, Implantación y Educación (D.I.E), el cual ha estado concebido de la siguiente forma:

1. La dirigencia y/o gerencia, *toma la decisión* de hacer el cambio ante problemas percibidos.
2. La dirigencia y/o gerencia, *implanta el modelo de solución* de acuerdo a su conveniencia.
3. La dirigencia y/o gerencia, *ofrece educación a la gente*, con base en su particular modelo de solución.

Tradicionalmente este modelo sólo ha conducido al dispendio de recursos y a la precariedad de soluciones en el mejoramiento de la calidad de vida.

*El fin último del PCA es la inversión de la estructura de este modelo, lo cual quedaría planteado en términos de Decisión, Concientización e Implantación de soluciones (D.C.I.).* Esto significa que:

1. La dirigencia y/o la gerencia, *con la gente adopta la decisión* de hacer el cambio.

2. La dirigencia y/o la gerencia, *procede a concientizar a la gente* y se hace parte del proceso.
3. La dirigencia y/o gerencia, *implanta con la gente* la decisión de solucionar problemas y de mejorar la calidad de vida.

Esta inversión de valores se asienta ciertamente en la formulación de una nueva cultura nacional, en la educación correcta y en las responsabilidades que se adopten como consecuencia de adquirir una conciencia ambiental. Por eso se hace necesario plantear un escenario de estabilización que introduzca una cultura de cambio, más moderada y de un aprovechamiento cuidadoso de la naturaleza.

El cambio de la cultura del ambiente deberá extenderse a todas sus actividades, relacionadas o no, a la industria, a la administración, al estudio y al esparcimiento. Esto lleva directamente a un cambio en la cultura general del país, porque toca a aquellos objetivos sociales que apuntan hacia la maximización del lujo, del consumo suntuario, a la diferenciación y creación de rangos sociales, que origina pertenencia a sectores solventes y da asiento a mecanismos de autoafirmación y autoestima, pero que son equívocos. El resultado distorsionado crea un desequilibrio en la forma de ver y usar el ambiente. La desmitificación social de esta cultura es la tarea que llevará a la racionalización productiva y a la compatibilización ecológica con el ambiente.

En esta tarea intervienen en forma preferente los procesos de concientización, la educación, la capacitación y el entrenamiento para generar las bases conceptuales y de acción de la nueva cultura. Una vez superada esta etapa, se pueden comprometer las instituciones para cambiar los aspectos normativos y de compatibilización ecológica. Sin embargo, la sociedad y la cultura no actúan por sí solas, se adaptan o se ajustan, según las nuevas orientaciones que se le administren. Sólo el individuo actúa. La cultura, por tanto, sólo se vuelve concreta en la mente -educación- y en las acciones de cambio -concientización- de los individuos.

De todos los planteamientos teóricos precedentes se extrajeron, los ítems o elementos valorativos que definen el grado de conciencia individual o colectiva que posee una persona o grupo. *En tal sentido, se estiman como elementos o ítems significativos que ponderan a la variable de conciencia*

*ambiental, los siguientes:*

- *Tipo y nivel de conocimiento ambiental alcanzado*
- *Grado y tipo de organización social desarrollado en relación con el ambiente.*
- *Grado y nivel de participación adquirido en organizaciones ambientalistas*
- *Alcances de la acción desarrollada en la solución de problemas ambientales.*

## CAPITULO SEGUNDO.
## LA GESTION AMBIENTAL

La necesidad de administrar el ambiente integrándolo a los procesos productivos como un factor de los mismos ha tenido un rápido avance durante la década de los años noventa. Su concepto se ha deslizado hacia lo que se denomina un sistema de gestión ambiental (SGA), que ya ha sido abordado por normas internacionales que le otorgan gran credibilidad. Esto es así debido a su aceptación universal, puesto que la mayoría de las consecuencias que devienen de los problemas ambientales tienen su origen en una inadecuada gestión ambiental. Es decir, que los problemas ambientales pueden ser prevenidos o corregidos en su fase más temprana con una adecuada gerencia ambiental.

Como ya se ha explicado, el mundo vive tiempos de gran preocupación por los problemas ambientales, lo que se ha dejado sentir tanto en las instituciones públicas como privadas, aunque su origen se remonta hacia los años cincuenta, cuando comienzan a ser visibles muchos de estos problemas ambientales. Lo importante de esta notoriedad es que ilustran una importante valoración social de creciente avance, lo cual ha ido induciendo la profundización de su estudio y gestión. Hoy en día, parece no ser posible abordar la solución de los problemas ambientales sin dejar de considerar su gestión, especialmente a nivel local.

Hurt y Johnson (1996) explican esta importancia de los sistemas de gestión las evidencias cada vez más clara de *problemas ambientales*, el aumento de la *concientización* social respecto a la conservación, la creciente satisfacción de necesidades básicas de la gente, medidas cada vez más rigurosas de control de la contaminación y un creciente énfasis en la *educación ambiental*.

La sociedad en su conjunto, se ha movido en forma paralela a estas inquietudes y ha avanzado desde una posición inicial defensiva, a una aceptación y, luego, a un reconocimiento de la necesidad de una política con claridad y responsabilidad ambiental, como requisito básico para el éxito de la gestión de cualquier tipo de empresa.

En este sentido, vale la pena recordar que la misión de una institución, cualquiera que ella sea, se desenvuelve en el marco de una sociedad, por lo que es razonable pensar que con el tiempo, sus acciones se acerquen progresivamente a las que va señalando la opinión pública. A la larga, será la misma sociedad la que determine qué espera de sus instituciones a través de leyes, normas, impuestos y múltiples decisiones.

En la actualidad y, aún sobre un contexto de crisis económica recesiva, la sociedad demanda un alto nivel concientización ambiental a todas sus instituciones, grandes y pequeñas, privadas o públicas e, incluso está dispuesta a pagar por ello, en términos de sus costos, hasta un cierto límite. Por esto, la gestión se debe relacionar estrechamente con lo que ocurre en su entorno corporativo.

Cualquier empresa que se preocupe por el éxito de su futuro no debería ignorar al ambiente, aunque otras cuestiones puedan aparecer como más relevantes. Esto es porque cada vez están más conscientes de que sus actuaciones están siendo observadas por muchas partes interesadas como la administración del Estado, del Municipio, las asociaciones de vecinos, los empresarios, las entidades financieras, las ONG, los medios de comunicación, los grupos ecologistas y, en general, toda la sociedad civil, lo que incluso puede medirse en una matriz perfil-vulnerabilidad ambiental, que localiza a cada empresa en su perfil público.

Pero no sólo es importante tener un grado de concientización ambiental en la gestión, sino también conocer los beneficios que como institución pueden obtener de una adecuada gestión ambiental. Así, en lo legal, se podrán evitar demandas, multas y costos; mejorar la imagen corporativa; aumentar la confianza financiera e, incluso, aumentar su participación en el mercado.

En resumen, la gestión del ambiente se pone relevante cuando se concluye que las respuestas de las instituciones a las presiones ambientales que reciben deben abordarse en forma integral, integrada y activa.

Su sistematización como una norma se inicia en 1992, cuando aparece la primera norma británica, la BS 7750, hasta llegar a la ISO 14000, en 1994, que norma un sistema completo de gestión del ambiente.

De todos los aspectos que tienen relación con la problemática ambiental -conservación, preservación de parques nacionales, sobreexplotación de recursos etc.- en la actualidad acaparan la atención de los procesos de gestión, las áreas de la contaminación y la destrucción de los recursos naturales renovables, temas centrales en los objetivos del PCA (Ibid).

En los Estados Unidos, en 1989, el denominado Foro de Inversión Social puso en vigencia un código denominado Principios Valdez, en memoria del petrolero de la empresa Exxon que provocó una marea negra en Alaska. Este código considera normas de conducta para la gestión en relación con el ambiente, que son los siguientes:

1.- Protección de la biosfera.
2.- Uso sostenible de los recursos naturales.

3.-Reducción y gestión responsable de los residuos.
4.- Utilización prudente de la energía.
5.- Reducción del riesgo.
6.-Comercialización de productos y servicios seguros.
7.- Indemnización de daños.
8.- Hacer pública la información ambiental.
9.- Nombramiento de directores y gerentes ambientales, y fijación de compromisos de recursos para la gestión.
10.-Evaluación y auditorías ambientales anuales.

Sin embargo, la gestión ambiental centrada en sus aspectos ecológicos o estrictamente conservacionistas, ha sido superada tanto en su fórmula política como formal a partir de la Conferencia de Río, de 1992, en donde se amplió esta visión, de modo que el enfoque de la gestión ambiental se relacione con los estilos de desarrollo -el desarrollo sostenible-, lo cual además lleva a enfatizar lo económico con la urgente necesidad de equidad social.

La gestión ambiental parece definirse en función de los "procedimientos de uso y manejo de los recursos naturales", en la que son relevantes "las acciones, medidas y acuerdos que realiza un grupo de actores sociales respecto a un problema, asunto o reto ambiental" (Fonseca, 1988). Desde una perspectiva más cercana al desarrollo sustentable, ésta se sitúa como "la administración integrada del ambiente con criterio de equidad para lograr el bienestar y desarrollo armónico del ser humano, en forma tal que mejore su calidad de vida y se mantenga la disponibilidad de los recursos sin agotar o deteriorar los renovables ni dilapidar los no renovables, todo ello en beneficio de las futuras generaciones" (Blanco, 1989). A su vez, la gestión ambiental municipal, local, tiene como propósito efectuar todas estas acciones a nivel local y en estrecha coordinación con otras instituciones que también tengan competencia a este nivel.

Según el PNUMA (1992), "la gente siempre se ha preocupado por su entorno. Su forma de estudiar los problemas ambientales y sus actitudes han evolucionado a través de los siglos", por lo que en la actualidad es posible distinguir tres tipos de acciones: (1) la que enfatiza el aspecto legislativo y tecnológico, aunados a la buena voluntad de la gente, (2) la que preconiza la creación de grupo de presión para influir en las decisiones, y (3) la que critica la base de la actual sociedad y proclama el uso de tecnologías alternativas y la autosuficiencia.

Como puede observarse, uno de los principales objetivos de la gestión ambiental que se revela de estas definiciones es el del cumplimiento legislativo, ordenanzas y otras normas, de donde se deduce que cada institución debería mantener un sistema de información y conocimiento de la legislación vigente que debe cumplir y de sus competencias ambientales e institucionales.

A través de la legislación se establecen los servicios que deben ser prestados por las autoridades locales, los cuales normalmente son los siguientes:

-Recogida de residuos sólidos urbanos.
-Abastecimiento domiciliario de agua potable.
-Establecimiento de alcantarillado.
-Limpieza diaria.
-Creación de cementerios.
-Preocupación por accesos y pavimento de calles y carreteras.
-Control de alimentos y bebidas.
-Tratamiento de residuos sólidos (en algunos).
-Prevención de incendios.
-Protección del medio ambiente.

Las ordenanzas municipales, a su vez, pueden establecer criterios y servicios de protección del ambiente que regulan aspectos como licencias para actividades industriales, control de contaminación atmosférica y gestión de residuos sólidos.

En cuanto a los instrumentos legislativos aplicables a la gestión del ambiente, como ejemplos pueden mencionarse los siguientes:

- Instrumentos normativos.
- Instrumentos de control de procesos de planificación (por ejemplo, el estudio de Impacto Ambiental).
- Instrumentos de mercado (gravámenes, créditos, impuestos).
- Sistemas voluntarios con organizaciones (ONG, etiquetas).

Estos aspectos en Latinoamérica no está bien desarrollados, aunque Venezuela fue hasta hace poco –hasta los años noventa- uno de los más avanzados, junto a Colombia, Chile y otros países, cuya gestión ambiental se revisará brevemente.

En Guatemala, el municipio -allí llamado corporación municipal-, tiene entre sus prioridades ambientales la provisión de agua potable y energía, la educación, la salud, la recreación, el empleo y, muy especialmente, combatir la pobreza. Dentro de esto último se incluye el componente ambiental para la preservación y uso inteligente de sus recursos naturales, particularmente el bosque, el suelo, el agua, el paisaje y la biodiversidad. La educación y la salud tiene también influencia directa en lo ambiental puesto que el conocimiento de los recursos naturales, sociales y culturales determinan las potencialidades de las distintas áreas y su uso sostenido (del Valle; 1996).

En el caso de Colombia, en donde esta formulación ha tenido gran difusión, los principales aspectos incluidos en la gestión ambiental tiene que ver con el ordenamiento territorial, manejo del agua, manejo del suelo, vegetación natural y fauna silvestre, control de contaminación ambiental, prevención de desastres, Información y educación ambiental, administración de medio ambiente, seguimiento ambiental (denominada "veeduría") y control social de proyectos. En este país, se ha acuñado una  nueva palabra para la gestión ambiental: la ecoeficiencia, nuevo indicador socioeconómico al que se le auguran buenas perspectivas a futuro.

En Argentina se propone organizar la Agenda 21 para los municipios, tal como lo recomienda el Capítulo 28 de la Cumbre de la Tierra. También se da la idea de articular las políticas ambientales con estrategias productivas, como por ejemplo, fomentar empresas de transformación de la basura, darle un enfoque muy participativo en los temas de saneamiento y salud, crear conciencia ambiental entre su personal profesional y empleados, auspiciar programas de educación formal que estén orientados a lograr ciudades y ambientes sustentables, incidir en la parte preventiva y educativa buscando un cambio de actitudes, priorizar la concientización ambiental en los niños para formar una nueva moral y hábitos de vida en los ciudadanos

En los municipios centroamericanos se ha priorizado la gestión del ambiente sobre la base de que esta acción descansa en el trabajo conjunto de autoridades, comunidad y los diferentes sectores de la sociedad civil, representados en el nivel local. El éxito de este enfoque se deposita en la cocientización de la población, empresas privadas y autoridades. Parte de su planificación contempla la transferencia de proyectos y actividades ambientales a aquellos sectores de la comunidad que puedan atenderlas con mayor eficiencia, interviniendo en la ejecución únicamente cuando se evidencia que no existe un agente que pueda hacerlo eficientemente en la comunidad.

En este sentido, se visualiza al gobierno local como el gran planificador, coordinador y supervisor de las acciones que favorecen al ambiente. En este punto se debe tener presente que la solución a muchos de estos problemas es una cuestión de carácter gerencial, que debe enfrentarse desde esta perspectiva (López, 1996, p.74).

El caso de Chile es de singular importancia por cuanto la puesta en vigencia de la Ley de Bases del Medio Ambiente determinó que los municipios comenzarán a preocuparse de la prevención y solución de los problemas ambientales que los aquejaban. En un Plan Piloto realizado por la

Comisión Nacional del medio Ambiente (CONAMA) para 20 municipios de la XI Región sobre gestión ambiental se formuló un modelo par un Sistema de Gestión Ambiental Municipal en el cual se consideraron los siguientes elementos:

- Política ambiental (estrategias, prioridades, metas y plazos, así como principios orientadores como prevención, participación, coordinación, concertación, realismo y gradualismo).
- Institucionalidad (existencia de instancias para la coordinación intra y extra municipal, tales como unidades ambientales, coordinaciones y consejos locales de la comunidad).
- Legislación (leyes y ordenanzas).
- Instrumentos de política y planificación (de regulación cuantitativa, directa, y de incentivos o desincentivos indirectos, así como un Plan comunal, identificación de problemas y estudios de impacto ambiental mínimo).
- Fiscalización (control de ordenanzas y de leyes, multas, denuncias, teléfono y buzón verde).
- Educación ambiental (Plan anual de educación municipal y su relación con el ambiente, campañas, profesores especializados, realización de seminarios).
- Sistema de información ambiental (para la toma de decisiones).
- Investigaciones (para la solución de los problemas, por parte de instituciones especializadas).
- Fuentes de financiamiento (propias o inclusión de lo ambiental en otros planes).

En un lapso de un año el PCA permitió que se cumplieran un 65% de las metas fijadas y en dos años se alcanzó el 100% de los objetivos del Sistema de gestión ambiental planeado. Luego de esto, se crearon comités técnicos -con el apoyo de profesionales, funcionarios municipales y ONG-, sobre Recursos Naturales Renovables, Educación y Contaminación en los municipios para formular en un plazo de dos meses el diagnóstico específico por área y proponer perfiles e proyectos de solución, que conformaría el Plan de Acción Ambiental comunal (Durán, 1996).

En Venezuela, es posible encontrar planteamientos muy antiguos sobre el aprovechamiento de los recursos naturales que hoy constituyen referencias importantes para la gestión ambiental moderna. Un antecedente significativo es el conocido Decreto de Chuquisaca, en donde se refleja la visión amplia y futurista del Libertador Simón Bolívar, quien veía la necesidad de proteger los recursos naturales de su uso indiscriminado, cuando recién se construía el país y debía haber habido otras prioridades más inmediatas.

En las primeras décadas del siglo XX, se destacan algunos programas realizados por el Ministerio de Sanidad y Asistencia Social destinados a la erradicación de endemias tropicales y al mejoramiento de las condiciones sanitarias de la población rural. También se establecieron programas para la distribución y tratamiento del agua en los principales centros urbanos. En la década de los años sesenta, el Ministerio de Obras Públicas se propuso desarrollar la infraestructura requerida para los aprovechamientos hidráulicos, para uso humano y de riego, y el Ministerio de Agricultura y Cría trató de manejar los problemas de la conservación de los recursos naturales, estableciendo programas concretos como lo fue el denominado subsidio conservacionista para la región de Los Andes.

Esta fue la época en que también se crearon los centros universitarios con carreras de agronomía y forestal para preparar recursos humanos calificados en esta materia.

En paralelo, concurrieron acciones legislativas que poco a poco han conformado un sistema coherente de normas sobre su aprovechamiento y conservación: La Ley Forestal, de Suelos y Aguas, la Ley de Protección a la Fauna Silvestre, la Ley de Sanidad Nacional, la Ley de Pesca, la Ley de Hidrocarburos y la Ley de Reforma Agraria, conformaron esta serie de instrumentos normativos.

La Ley Orgánica de Ambiente (LOA, 1976), se orientó a unificar la legislación en materia ambiental. En 1977 se creó el Ministerio del Ambiente y de los Recursos Naturales Renovables (MARNR), organismo rector y ejecutor de las disposiciones de la LOA, con competencia en "la planificación y la realización de las actividades del Ejecutivo Nacional para el fomento de la calidad de la vida, del ambiente y de los recursos naturales y en la planificación y ordenación física del territorio nacional" (art. 36). Esta última facultad se amplió en 1983, al aprobarse la Ley Orgánica para la Ordenación del Territorio.

Es indudable que este cúmulo de leyes aprobadas y la creación de una institución como lo ha sido el MARNR, constituyen una muestra clara de la conciencia ambiental que se fue formando en Venezuela sobre la necesidad de establecer las bases para su adecuada gestión.

La tarea de enfrentar y resolver los problemas ambientales necesitó de un enfoque integral que le fue otorgado por la Política Ambiental nacional, que reunió a un conjunto de principios rectores para actuar sobre el ambiente, efectuada por el MARNR en el V Congreso Venezolano de Conservación (1986, revisada de su formulación de 1977 y 1983), en los siguientes términos:

-Compatibilidad entre ambiente y desarrollo.
-Uso racional de los recursos ambientales.
-Utilidad pública de la conservación, la   defensa y el mejoramiento del ambiente.
-Necesidad de dar un tratamiento integral a   la compleja relación ambiente- desarrollo.
-Relación de cada estadio de desarrollo con sus propios problemas ambientales y sus soluciones específicas.
-Definición del daño ambiental aceptable o tolerable.
-Relación entre calidad ambiental y participación de la población.
-Carácter universal del problema ambiental.

Aunque cada uno de estos principios resume un aspecto fundamental del quehacer ambiental nacional, todos quedan unidos por la idea sustantiva

95

que subyace, cual es la de garantizar "la conservación, defensa y mejoramiento del ambiente en beneficio de la calidad de vida de la población", gran objetivo definido en la Ley Orgánica del Ambiente, con carácter de utilidad pública, que debe ser normado por el estado y cuyo cumplimiento constituye uno de los aspectos más difíciles de la gestión ambiental a cualquier nivel.

La ejecución de la política ambiental requiere de instrumentos legales pertinentes y de la implementación de planes nacionales referidos a los distintos sectores que conforman el ambiente. La trama legal ambiental parte de la misma Constitución Nacional de la época (Art.106 y 136) que contiene los fundamentos de la legislación ambiental, y la Ley Orgánica del Ambiente (art. 3 y sgtes.) que sintetiza los principios que permiten hacer compatibles el crecimiento económico del país con la conservación del ambiente. A su vez, la Ley Orgánica de Ordenación del Territorio tiene como finalidad que la ocupación del espacio nacional, su poblamiento y la utilización de los recursos naturales sean compatibles con las potencialidades y restricciones del medio, con las necesidades de la población y con la mejora de la calidad de vida. Las demás leyes completan esta trama en aspectos particulares, quedando aún pendientes muchas actualizaciones y modernizaciones al sistema legal vigente.

Uno de los últimos instrumentos de gran significación para la gestión ambiental lo constituye la Ley Penal del Ambiente (1992) que establece las normas penales que garantizan la protección de los bienes jurídicos protegidos por la Ley Orgánica del Ambiente, esto es, la conservación defensa y mejoramiento del ambiente, todo en beneficio de la calidad de vida del ciudadano.

El MARNR tiene la responsabilidad sobre los problemas ambientales pero, como ya se ha visto, en coordinación con muchas instituciones, entre las que se encuentran los municipios. En efecto, la Ley Orgánica de Régimen Municipal e entonces, en su artículo 36 (ordinales 1, 3, 4, 10 y 12), precisaba las competencias directas en materia ambiental del municipio venezolano, las cuales están referidas a:

- Planificación urbana y ambiental, tanto en espacios rurales como urbanos.
- Arborización y establecimiento de pautas que regulan la densidad de población respecto a áreas verdes.
- Servicios de recolección, disposición y tratamiento de residuos sólidos.
- Tratamiento y suministro de agua potable.
- Construcción y mantenimiento de sistemas de drenajes y cloacas.
- Control de poda y tala de vegetación, así como control de incendios forestales.
- Protección de reservorios y cursos de agua, playas y costas.
- Divulgación y educación, dirigidos a formar y a fortalecer la conciencia ambiental.

Estas disposiciones le confieren al municipio una amplia competencia en materia ambiental, aun cuando existen otras competencias que comparte con los organismos del Estado, que todavía no están bien dilucidadas y que tenderían a ampliar más este espectro.

Ahora bien, en la acción municipal le corresponde al MARNR un rol esencialmente asesor, al municipio el de gestor decisivo en la resolución de los problemas y a la sociedad civil el rol de asumir su participación en la acción municipal (Febres

Cordero y Quintana, 1996). Por esto, la gestión ambiental no es tarea exclusiva del MARNR. Ella debe compartirse con las atribuciones de los otros tres poderes de Estado, que tiene responsabilidad en esta problemática. Y aún más, también otros ministerios tienen áreas de competencia en el ambiente.

En relación con este último aspecto de las áreas de competencia comunes con otros ministerios, se pueden señalar las siguientes:

===========================================================

| TEMAS AMBIENTALES | INSTITUCIONES |
|---|---|
| Contaminación atmosférica y de aguas | MARNR- MSAS. |
| Control de biocidas y otros químicos | MARNR-MSAS-MAC. |
| DisposiciónR de residuos sólidos | MARNR-MSAS- FUNDACOMUN. |
| Pesca | MARNR-MAC. |
| Forestal | MARNR-CONARE-- CVG. |
| Riego | MARNR-MAC. |
| Ordenación del territorio | MARNR-MINDUR -MAC. |

===========================================================

Uno de los casos concretos en que se ha intentado abordar la gestión municipal ambiental es el de la Agencia de Cuenca de río Tuy, en donde la Alcaldía del Municipio Autónomo Urdaneta (Edo. Miranda), con la participación de la comunidad organizada y la asesoría (legal, técnica y metodológica) del MARNR, a través de la Autoridad Única de Área, y con la colaboración de otros organismos públicos y privados, desarrolló un Plan local de ordenamiento y gestión municipal (PLOGA), en 1994, el cual obedeció a la necesidad de poseer un instrumento de planificación y gestión para la solución de sus problemas ambientales, documento que se constituiría en Proyecto de Ordenanza del Plan local de ordenación y gestión ambiental del municipio.

Entre los proyectos estratégicos que formuló el PLOGA se encontraban (1) los de promover la participación de la sociedad civil y fomentar la educación ambiental, (2) fortalecer a las instituciones locales y mejorar los servicios ambientales, (3) desarrollar la infraestructura ambiental para el saneamiento y recuperación de áreas críticas, (4) ordenar el espacio urbano y rural y (5) resguardar la calidad ambiental. Este plan se financiaría con la creación de un fondo ambiental municipal que regularía la misma ordenanza (Terán et al., 1994).

100

Este modelo desafortunadamente no ha sido implementado del todo –más bien abandonado-, por lo que sus resultados aún estarán por verse en el transcurso del tiempo.

En términos más generales, por tanto, para definir los factores que intervienen en el proceso de gestión ambiental se deben distinguir en primer lugar las políticas públicas ambientales, tanto a nivel nacional como local; en segundo lugar, las tecnología a utilizar, las que no difieren mucho de un caso a otro; y en tercer lugar, sus costos, normalmente altos a mediano y largo plazo.

En resumen, el centro de los problemas y las dificultades de sus soluciones no estriban tanto en los modelos a adoptar, sino en su instrumentación concreta local, y ésta depende de una interacción compleja de diversos factores.

En este sentido, debe aclararse que aunque las leyes son muy necesarias, ellas no resuelven los problemas. Se necesitan otras consideraciones, entre las que se encuentran los que toman decisiones -vale decir, los responsables de la gestión-, los ciudadanos

-actores de la realidad y receptores de la gestión-, los incentivos económicos y físicos y las consultas amplias a la población, lo cual hoy por hoy ya se considera como un derecho humano.

La planificación, vista como un elemento inicial de la función gerencial, es considerada como uno de los mejores instrumentos para conocer los problemas, su anticipación y prevención. En el caso del ambiente, se presta mucho para su gestión debido a que los problemas derivan de un sistema complejo de relaciones y que sus usos, muchas veces ignorados, están orientados por una visión estrecha de tipo economicista. En la medida que esto se entienda, se toma conciencia del real problema y se comienza a corregir.

En general, se tiende a preferir prácticas de tipo incrementalista a los modelos. Es decir, un modelo de uso racional de los recursos ambientales y económicos de un país se hace mejor a partir de una serie continua de ejercicios de buena planificación de proyectos particulares, que de la aplicación de un modelo predeterminado, basado en variables matemáticas o de otro tipo al que se somete el problema.

Esto último es el caso de los estudios de evaluación de impactos ambientales (EIA). Introducidos por la Agencia ambiental de los Estados Unidos (EPA), en 1970, un EIA tiene la intención de realizar un ejercicio de desarrollo de políticas públicas para un proyecto en particular -a diferencia de la planificación tradicional que es temporal y espacialmente más amplia y determinada-. El problema que han tenido los EIA, entre otros, es que son hechos por profesionales especializados que trabajan según esquemas científicos y que son presentados a otra persona responsable de tomar decisiones, quien opera en función de resolver opciones evaluadas y apoyado en datos. En otras palabras, la gestión necesita elementos para la toma de decisión, un lenguaje de una buena política administrativa y una participación de las comunidades.

Los principales conceptos que se manejan en los Estudios de Impacto Ambiental de un proyecto o actuación, son un ejercicio encaminado para *predecir* las consecuencias de ese proyecto sobre variables del ambiente. Estos son; la *Evaluación de Impacto Ambiental* de un proyecto o actuación, *análisis de sus consecuencias en el proceso de la gestión* que sigue a éste, y la *Declaración de Impacto Ambiental*, que es el informe emitido por la administración ambiental, una vez revisado el Estudio de Impacto Ambiental y recogidos los resultados del proceso de participación pública, que sirve de base para la decisión final.

Desde otra perspectiva, la respuesta corporativa a la gestión ambiental se vislumbra a través de tres medios: 1) desarrollo y publicaciones de políticas ambientales; 2) implantación de programas para mejoras en áreas específicas; y 3) aplicación de auditorías ambientales.

De estas, las más relevantes son las auditorías ambientales. Mucho se ha escrito sobre ellas. Originalmente se desarrollaron en los años setenta en los Estados Unidos, como herramienta de gestión para evaluar el cumplimiento de leyes ambientales, cada día más complejas y numerosas. Como el concepto lleva algo más allá que el simple cumplimiento de leyes, esta visión fue ampliada a aspectos de revisión, vigilancia, inspección, tasación, valoración y evaluación, que dan respuesta a exigencias de tipo financiero, legal o ambiental. En una auditoría, por ejemplo, se deberían identificar los problemas -proceso de revisión-, hasta la confirmación de la efectividad del sistema de gestión, pasando por la verificación del grado de cumplimiento.

Se conocen tres tipos de auditorías: (1) de los sistemas de gestión ambiental, (2) de conformidad/cumplimiento y (3) de Declaración ambiental. La tendencia internacional es poner el mayor énfasis en la primera de ellas, reiterando la importancia que tiene un sistema de gestión efectivo para conseguir un programa de auditorías ambientales.

El ideal para cualquier actividad es el establecer un sistema completo de gestión ambiental, vale decir, estructurar en forma coherente y funcional a todos los elementos que participan en la gestión: políticas, objetivos, control, registros y otros, con el fin de obtener los beneficios que otorga un sistema y no los de cada uno de ellos en forma individual.

De acuerdo a las normas internacionales sobre gestión ambiental y ajustada al proceso de calidad total, se ha propuesto seguir el siguiente esquema de gestión:

**Compromiso inicial para la gestión ambiental**
↓
**Revisión inicial de situación ambiental**
↓
**Política ambiental**
↓
**Organización y personal**
↓
**Evaluación y registro de efectos ambientales**
↓
**Registro de exigencias legales**
↓
**Objetivos y metas ambientales**
↓
**Programa de gestión ambiental**
↓
**Manual de gestión ambiental**
↓
**Control de operaciones**
↓
**Registro de cumplimiento de normas**

↓

**Auditorías ambientales**

↓

**Sistema de Información ambiental**

↓

**Revisión continua del sistema de gestión**

**ambiental**

En definitiva y, a modo de conclusión, se puede decir que la gestión ambiental ocupa un lugar determinante en la resolución de los problemas ambientales locales, que en su establecimiento se debe apoyar fuertemente en los procesos de educación y concientización ambiental de todos los actores incorporados en el nivel municipal, que dentro de la gestión es muy importante el aspecto legislativo, aunque las leyes no resuelvan los problemas, pero definen el marco legal dentro del cual se debe actuar, que en la solución práctica de los problemas desde la perspectiva administrativa parece como relevante la participación activa de la sociedad civil y la utilización de herramientas gerenciales, vale decir, que tan importante como el problema a resolver es la concientización y participación activa de la población y el saber cuál es la causa del mismo, para orientar su correcta solución. Todos, como parte de un sistema gerencial.

## CAPITULO TERCERO.
## ANALISIS PRELIMINAR DE PROBLEMAS, GESTION Y CONCIENCIA AMBIENTAL

Este Capítulo constituye la segunda fase del trabajo Programa de Concientización Ambiental (PCA), cuyo objeto fue el de conocer el entorno nacional en relación con las principales variables incorporadas al estudio, que conforman los tres primeros capítulos de la primera parte.

En efecto, en los tres primeros capítulos se efectuó un estudio analítico y metodológico de los fundamentos de las  tres variables objeto de estudio: problemas, gestión y conciencia ambiental. Su objeto era conocer su alcance conceptual, su caracterización y definir cuál sería la forma de utilizarlas al abordar un estudio extensivo para todo el país. Así, se realizó una identificación de sus principales características, especialmente operativas para cada una de las variables, según información factual, obtenida de informes o de consulta a expertos de reconocido prestigio. Luego, se procedió a categorizarlas, de tal forma que pudieran ser utilizadas sin problemas en esta fase del estudio, como se explica en detalle en la sección de la metodología.

.      Del estudio de las variables ya mencionadas para el país, que constituyen el eje central del desarrollo de este capítulo, hay otro factor de gran importancia que se incorpora en su estudio. Este es el Municipio, unidad espacial donde se realiza el análisis de las variables. Es indudable que el municipio es un factor de gran importancia en un proyecto que intenta buscar nuevas formas para prevenir y resolver los problemas del ambiente. No sólo porque la mayor parte de estos problemas se producen a nivel local, sino también porque para el proceso de gestión y concientización ambiental es crucial, por ser la unidad básica para ejecutar proyectos de esta naturaleza, Y porque legalmente también es la entidad más relevante para comenzar la participación de la sociedad civil en todos los procesos de toma de decisiones de su localidad, como se verá en una sección especial que se ha incluido en este capítulo, destinada a poner de relieve sus principales características.

De acuerdo con lo explicado, la metodología utilizada en este reconocimiento del entorno ambiental del país, efectuado a nivel de municipio, siguió un proceso de investigación documental, cuya base fundamental fue la recopilación de información local existente en torno a las variables de problemas, gestión y conciencia ambiental.

En efecto, se contempló que en aquellos municipios en donde existiera información bibliográfica disponible, ésta se registrara en fichas de contenido a modo de tabular el dato en las categorías correspondientes. Con esta información se confeccionaron matrices del tipo insumo-producto, en las cuales quedaron incluidos los problemas por municipio. Este material constituye las matrices de resultados que condensan toda la información disponible.

Para el caso de los Estados en donde no hubo este tipo de información se procedió a efectuar un sondeo de opinión, que consistió en la consulta a expertos de reconocido prestigio y trayectoria en el área ambiental. La técnica utilizada para recopilar la información documental y la selección de las fuentes más idóneas, se hizo mediante un sistema de muestreo, donde los datos pudieran utilizarse en igual de condiciones a los publicados en documentos técnicos referentes a los municipios estudiados..

Igualmente, se revisaron estudios similares con el fin de escoger una técnica conocida, al menos en Latinoamérica, que pudiera ser sometida a tratamiento computacional. Se piensa que la solución propuesta llena las expectativas técnicas, de nivel y de calidad de la información. Para los efectos de los objetivos de este estudio y, especialmente, pensando en términos operativos, se eligió el Método Delphi, adaptado a las necesidades de este estudio, ya comentado en la Introducción.

Con el análisis documental y la aplicación del Método Delphi se obtuvieron los siguientes resultados:

- Una lista de problemas ambientales, nivel de gestión y grado de conciencia, según categorías, por municipio y por Estado.
- Una lista de municipios (por Estado), con el mayor número de problemas ambientales, según categorías.

- Un listado de municipios (por Estado), con las categorías de problemas ambientales, gestión ambiental (A, B y C) y grado de conciencia ambiental (A, B y C)
- Un mapa del Estado, señalando los municipios con mayores problemas y limitaciones con respecto a gestión y conciencia ambiental.

En relación con el estudio de las variables en particular, éste se hizo de la siguiente forma.

### 3.1 Problemas ambientales

Se tuvieron presente los aspectos que se señalan a continuación:

Se consideró como problema ambiental, una acción del hombre que afecta deteriorando al ambiente. En forma general, los problemas ambientales que provoca el hombre pueden tener distinta trascendencia. Pueden ser macro riesgos o globales, como el efecto invernadero, que afecta a todo el planeta y que es producido por el aumento del $CO_2$ en la atmósfera, de alcance regional (como la lluvia ácida), o local. Pero, la mayoría de los problemas ambientales son locales, puntuales y, en general, en términos relativos parecen afectar a poca superficie. Esto no implica que tengan escasa importancia, porque afectan a poblaciones humanas;

sus efectos pueden extenderse lejos de su origen y muchas veces se localizan sobre espacios valiosos.

Desde esta perspectiva interesará reconocer los problemas locales que causa el hombre al sistema ambiental, adoptando las siguientes categorías:

Los considerados vitales, como el aire, agua, clima y los recursos naturales. También serán importantes aquellos procesos humanos que producen productos y subproductos que generan perturbaciones al sistema natural, como lo son los contaminantes, los tóxicos y los químicos, que se incorporan al sistema natural y humano.

Además, se consideraron relevantes aquellos cambios fuertes del sistema social, que se han generado por malas adaptaciones de estilos de desarrollo; como los procesos urbanos, ordenamiento territorial, de infraestructura productiva, estructura interna, equipamiento y de los servicios básicos de la población. Algunos efectos de estos procesos también pueden ubicarse parcialmente en los factores antes mencionados, aunque su origen responde mejor a esta última categoría. También se debe observar que en los impactos que producen los procesos de extracción de recursos naturales intensivos, como la producción forestal o de pesca, se está suponiendo que esa actividad se hará en forma ordenada, siguiendo un plan específico para proteger al ambiente.

Igualmente, en términos de calidad de vida, interesará completar estas categorías con elementos considerados valores culturales, como lo son los patrones arquitectónicos, urbanísticos, el estado de monumentos naturales e históricos, paisajes y valores escénicos o contaminación visual.

Por tanto, las categorías utilizadas en este estudio y sus respectivos ejemplos fueron las que siguen:

**1. Aire.-** En esta categoría se consideraron toda la contaminación de olores, polvillo que aparecen en la atmósfera debido a ácidos, gases y polvos, así como el humo de incendios de vegetación, bosques, ruidos molestos o el escape de vehículos.

**2. Agua.-**En esta categoría quedan incluidas toda la contaminación marina, de aguas servidas, las extracciones excesivas de aguas subterráneas, falta y mala calidad del agua potable o daños provocados por inundaciones.

**3. Recursos naturales.** En esta categoría se incluyen todos los efectos sobre la flora, provocados por el uso indiscriminado de biocidas, explotación irracional, extinción de flora, marina y terrestre, arbórea o arbustiva, destrucción de la vegetación; así como la contaminación de suelos, erosión, desertificación, contaminación de suelos por químicos o mal uso del suelo, modificación de hábitats, caza indiscriminada, falta de protección de especies y agotamiento de recursos naturales.

**4. Clima.** En esta categoría quedan incluidos todos los problemas que tiendan a efectuar modificaciones en el régimen del clima, como lluvia ácida, tormentas, ausencia de precipitaciones, fenómenos climáticos como huracanes, exceso de humedad en el aire  o exceso de radiación solar o peligro de movimientos de tierra.

**5. Infraestructura y servicios públicos.** En esta categoría se incluyen efectos como problemas sanitarios, contaminación del entorno de viviendas, mal equipamiento de viviendas, falta de servicios de agua, cloacas y otros, falta de abastecimiento de agua potable, falta de tratamiento al agua, inadecuada infraestructura para evitar inundaciones, problemas con desechos sólidos, mala localización de industrias contaminantes, persistencia de sectores marginales, ocupación indiscriminada de lugares de recreación, congestión de vehículos, falta de áreas verdes.

**6. Valores culturales.** En esta categoría quedan incluidos el abandono de monumentos nacionales, alteración de valores arquitectónicos y urbanísticos, descuido del patrimonio arquitectónico, mala calidad de los paisajes, fealdad de construcciones o destrucción de lugares de interés cultural o turístico.

### 3.2. Gestión ambiental

En esta variable se consideró que el ideal para cualquier actividad municipal era el establecer un sistema de gestión ambiental, vale decir, estructurar en forma coherente y funcional todos los elementos que participan en la gestión: políticas, objetivos, control, registros, etc. con el fin de obtener los beneficios que otorga un sistema y no los de cada uno de ellos en forma individual. La gestión ambiental ocupa un lugar determinante en la resolución de los problemas ambientales locales. *En su establecimiento se debe apoyar fuertemente en los procesos de educación y concientización ambiental de todos los actores incorporados en el nivel municipal.* Dentro de la gestión es muy importante el aspecto legislativo, aunque las leyes no resuelvan los problemas, pe definen el marco legal dentro del cual se debe actuar, en la solución práctica de los problemas. Desde la perspectiva administrativa parece como relevante la participación activa de la sociedad civil y la utilización de herramientas gerenciales, vale decir, que tan importante como el problema a resolver es la concientización y participación activa de la población y el saber cuál es la causa del mismo, para orientar su correcta solución. Esto último es netamente gerencial.

Por este estudio, el PCA estableció como principales elementos de evaluación del nivel de gestión ambiental, los siguientes:

- Definición de una política ambiental.
- Existencia de planes y programas ambientales.
- Asignación de un presupuesto adecuado a las funciones del ambiente.
- Representantes en niveles altos de Dirección ambiental.
- Existencia de instancias para la coordinación intra y extra municipal.
- Programas de formación ambiental para el personal municipal.
- Alcance de responsabilidades normativas (leyes, ordenanzas y otros).
- Definición de objetivos y metas ambientales.
- Existencia de un manual ambiental.
- Normas de control de planes, programas, objetivos y metas.
- Plan de educación ambiental.
- Celebración de convenios para la solución de problemas ambientales.
- Existencia de mecanismos de coordinación interinstitucional.
- Programa de auditorías ambientales.
- Revisión de la gestión ambiental.
- Sistema de Información ambiental.

La información sobre esta variable se obtuvo de las Memoria y Cuentas de los Municipios de los tres últimos años. También se utilizaron los informes de problemas ambientales del MARNR, debido a que muchos de ellos se originan directamente de factores de la gestión local. Complementan esta información los documentos de la OCEPRE sobre financiamiento de los municipios.

Las categorías de agrupación de esta variable fueron tres: A) Gestión del ambiente perfectamente definida, B) Gestión implícita en algunas acciones o actividades realizadas sin mayor definición y C) Ausencia de gestión ambiental. Cada municipio fue catalogado según el número de elementos que se encontraron, de acuerdo a un esquema en el cual si se completa al menos el 40% de elementos (6) en una misma categoría o en una combinación de ellos, se otorga la categoría con más elementos (por ejemplo, si tiene cuatro elementos en A, siete en B y 5 en C, se cataloga como municipio con gestión B.

### 3.3 Conciencia ambiental

Esta variable que es la más importante para el Programa, se pudo medir a través de la valoración de los elementos que definen el nivel de conciencia colectivo del municipio, en términos de los conocimientos ambientales que se visualizan como alcanzados, del grado y tipo de organización y participación social desarrollado, así como los alcances de la acción desarrollada en la solución de problemas ambientales.

Desde esta perspectiva, los elementos a estudiar, según estableció el PCA fueron los siguientes para medir el conocimiento:

- Dimensión ambiental alcanzada en la programación municipal.
- Programas de índole educativo-ambiental o afín.
- Programas de información o divulgación pública.
  Para medir la organización:
- Fortalecimiento de la organización formal ambientalista.
- Mecanismos formales de concertación.
- Nivel de integración de las ONG a la solución de problemas ambientales. Para medir la participación:
- Número de ONG ambientalistas existentes.
- Programa ambiental de las ONG.
- Financiamiento extramunicipal a programas de educación ambiental. Para medir la acción:
- Programas preventivos o de contingencia.
- Programas de resguardo de valores arquitectónicos, históricos o de belleza escénica.
- Designación y desarrollo de espacios naturales para esparcimiento y recreación.

Al igual que en la variable anterior, la información sobre ésta se obtuvo de las Memorias y Cuentas de los Municipios de los tres últimos años. También se

121

utilizaron los informes de problemas ambientales del MARNR, debido a que muchos de estos elementos se originan directamente de factores de la educación o conciencia ambiental local.

Las categorías de agrupación de esta variable fueron tres: A) Conciencia del ambiente perfectamente estructurada en el municipio, B) Conciencia implícita en algunas acciones o actividades realizadas sin mayor definición y C) Ausencia de elementos de conciencia ambiental. Cada municipio fue catalogado según el número de elementos que se encontraron, de acuerdo a un esquema en el cual si se completa al menos un 40% de elementos (5) en una misma categoría o en una combinación de ellas, se otorga la categoría con más elementos (por ejemplo, si tiene tres elementos en A, cinco en B y cuatro en C, se cataloga como municipio con grado de conciencia B).

## 3.4 Modificaciones obtenidas en las ideas, conceptos y formas de percibir la realidad.

| PERCEPCIÓN DE ENTRADA | CAMBIO CON LA INTERVENCIÓN |
|---|---|
| **1. Percepción del ambiente y de sus problemas** | |
| La concepción del ambiente era parcelada y no se consideraba al ser humano como elemento integrante del mismo. No establecían las interrelaciones de los elementos que conforman los subsistemas naturales y el social del ambiente. | Se obtuvo una nueva forma de objetivar la realidad. |
| Dificultad para diferenciar lo que es problema, sus causas y de poder conceptuarlos como tal. | Aprecio de la importancia que tiene la constatación y opinión técnica para poner en perspectiva los preconceptos. En la cuenca del río Mamo, el preconcepto o problema percibido eran las lluvias y las crecidas del río; luego de la intervención, se percataron del factor asentamiento de la población en la planicie inundable del río Mamo. |
| Manejo de falsas ideas sobre los problemas por menosprecio al conocimiento científico. | En el PCA la conformación de los grupos locales era por municipio, y sus miembros provenían de todos los sectores de la comunidad. En Mamo, los Comités base de riesgo eran conformados por miembros de la |

| | |
|---|---|
| comunidad y representantes. | |

| 2. Organización social | |
|---|---|
| Baja valoración de la organización social como instrumento, mecanismo de influencia para gestión comunitaria y pública. | Valoración de la integración voluntaria y consciente de esfuerzos individuales para movilizar la cogestión y mediante redes de trabajo para la mitigación de los problemas. |

| 3. Adquisición de compromisos | |
|---|---|
| Los actores involucrados en las situaciones o problemas no convergían en el abordaje conjunto de la situación problema. Las acciones eran aisladas y desvinculadas. | Se da una percepción sistémica de la realidad ambiental de la cual forman parte y como derivación razonan la multicausalidad de los problemas. En la Cuenca del río Mamo, los vecinos de las comunidades consciente y voluntariamente asumen el compromiso de constituirse en Comités Base de Riesgo. Protección Civil Municipal, como instancia rectora, los reconoce, juramenta y legaliza. Con ello, se consolida la red de Gestión comunitaria de Riesgo. |

| 4. Desarrollo de respuestas | |
|---|---|
| Intervenciones de los actores en la situación ambiental eran actividades puntuales y esporádicas que | En el PCA, el grupo local de cada municipio diseñó el Programa ambiental local, dirigido a la solución de los |

| | |
|---|---|
| no influían en las causas reales de los problemas. | problemas prioritarios. Los programas contaban con recursos concertados entre los actores del Grupo Local. Se adquiere conciencia de los problemas, se priorizan, se dan cuenta de su capacidad para crear y transformar, sienten la necesidad de actuar y en consecuencia concretan las acciones en un plan de acción. El Comité de la Cuenca de Mamo formula proyectos orientados a mitigar el riesgo, por ej., el Centro de información y servicios en gestión de riesgo y ambiente, cuya planta física la aporta la comunidad y el equipamiento lo obtienen por donaciones. |

**5. Grado de conciencia alcanzado por las instituciones promotoras o vinculadas a los proyectos**

| | |
|---|---|
| La integración de las comunidades a la gestión de riesgo y ambiente de las instituciones locales era tangencial y puntual. | Las instituciones asumen los procesos, tanto en el PCA como en el Proyecto Mamo, y lo integran a sus programaciones. Las instituciones designan contrapartes enlaces de las agrupaciones constituidas, las relaciones se pautan mediante programaciones de mutuo acuerdo. |
| | |

| 6.  Desarrollo de las culturas locales |
|---|
| En Proyecto Mamo se evidencia una cultura premoderna, individualista, conflictiva, oportunista. Contexto político se interpone en el Programa, con obstrucción. | En Mamo no se modificó significativamente la conducta de entrada, complicando la concresión de Proyectos. El contexto político alentó esta irregular situación. |

## 3.5 Entrevistas

El estudio contempló, además, la realización de entrevistas a alcaldes, como una medida de control que permitiera verificar la información reunida, confirmar las tendencias que se iban obteniendo y ampliar la visión del entorno que se quería tener, de modo de conocer de fuentes directas lo que estaba ocurriendo en los municipios.

Para su realización se tuvo como objetivos los antes enunciados, verificar la información local, ampliar la visión ambiental sobre el municipio y profundizar detalles acerca del desarrollo de la gestión ambiental. Para este fin se preparó un cuestionario abierto en el cual se plantearon los siguientes temas a analizar:

126

- Problemas ambientales del Municipio. Principales problemas, posibles soluciones.
- Gestión ambiental. Se utilizaron los mismos elementos de la variable.
- Conciencia ambiental. Se utilizaron los mismos elementos de la variable.
- Necesidades en materia ambiental.
- Opinión acerca del Programa de Concientización ambiental (PCA).

En resumen, la información utilizada en este trabajo cubre la siguiente muestra de municipios, según variable objeto de estudio:

| VARIABLES | N° DE MUNICIPIOS ESTUDIADOS | % |
|---|---|---|
| Problemas ambientales | 330 | 100 |
| Gestión ambiental | 160 | 50 |
| Conciencia ambiental | 160 | 50 |

Nota: Esta muestra fue reforzada con entrevistas a siete (7) alcaldes.

### 3.6. Resultados del diagnóstico

### 3.6.1 El municipio

De acuerdo con la legislación vigente (1996), el Municipio constituye la unidad política primaria y autónoma dentro de la organización nacional establecida en una extensión determinada del territorio. Esto significa que tiene relevancia como unidad política, como ente autónomo con capacidad para actuar de acuerdo con sus competencias y como unidad geográfica determinada por una extensión territorial concreta.

Según la información oficial ofrecida por la Dirección Nacional de Relaciones Municipales del Ministerio de Relaciones Interiores, el país está constituido por 330 Municipios, desde agosto de 1.995 fecha en la cual el Consejo Supremo Electoral realizó actualizó el Proceso de Adaptación de la División Político Territorial de los Estados.

**Participación de la comunidad**. El Reglamento Parcial N° 1 de la LORM define como áreas propicias para el desarrollo de la participación comunitaria, entre otras, las siguientes:

- La preservación y el mejoramiento de la calidad de vida de sus integrantes.
- La adecuada prestación de servicios públicos.
- La conservación, mantenimiento y buen uso de los bienes municipales históricos, culturales y naturales.
- La educación y el adiestramiento de la comunidad.
- El desarrollo urbanístico, la conservación y mejoramiento del ambiente, y la promoción y desarrollo de la cultura.

**Número de habitantes**. Los municipios varían mucho, aun cuando el 90% de ellos son menores de 100.000 habitantes, como se puede apreciar en el siguiente cuadro.

| Número de Habitantes | N° Municipios | % | % acum. |
|---|---|---|---|
| Menos de 10.000 | 41 | 13,7 | 13,7 |
| Entre10.000 y 49.999 | 178 | 58,9 | 72,6 |
| Entre50.000 y 99.000 | 47 | 15,4 | 88,0 |
| Entre 100 mil y 499 mil | 33 | 11,0 | 99,0 |
| Más de 500 mil | 3 | 1,0 | 100,0 |
| **TOTAL** | **302(*)** | **100,0** | **100,0** |

Fuente: Fundacomún, *Perfil del Alcalde* (1997). (*) Universo del estudio de FUNDACOMUN.

**Superficie de los municipios**. Algunos datos de los municipios relativos a su superficie muestran que algunos de ellos son de mucha extensión, como se ilustra en el siguiente cuadro.

| MUNICIPIO SUPERFICIE, | km2 |
|---|---|
| Raúl Leoni (Edo. Bolívar) | 54.388 |
| Cedeño (Edo. Bolívar) | 49.217 |
| Alto Orinoco (Edo. Amazonas) | 48.694 |
| Sucre (Edo. Bolívar) | 46.020 |
| Río Negro (Edo. Amazonas) | 37.903 |
| Manapiare (Edo. Amazonas) | 32.990 |

Fuente: Memoria y Cuenta del Min. de Relaciones Interiores. 1996.

**Densidad de población**. En lo que respecta a su densidad de población, esta varía fuertemente entre los municipios urbanos centrales y los rurales más alejados de la Capital, como se puede observar en el siguiente cuadro:

| MUNICIPIO | DENSIDAD Hab/Km2 |
|---|---|
| Chacao | 5.593,54 |
| Libertador | 4.561,20 |
| Sucre (Miranda) | 4.351,90 |
| Maracaibo | 3.532,30 |
| Baruta | 3.529,27 |
| Mariño (N. Esparta) | 2.041,95 |
| Los Guayos (Carabobo) | 1.938,77 |
| Libertador (Aragua) | 1.573,12 |
| Girardot (Aragua) | 1.455,06 |
| Los Salias (Miranda) | 1.330,78 |
| Sucre (Aragua) | 1.286,03 |
| San Francisco (Zulia) | 1.262,32 |
| San Cristóbal (Táchira) | 1.258,93 |
| J. Ángel Lamas (Aragua) | 1.241,75 |
| Valencia (Carabobo) | 1.237,49 |
| Diego Ibarra (Carabobo) | 1.178,95 |
| Río Negro (El menos poblado | 0,05 |

Fuente: Memoria y Cuenta del Ministerio de Relaciones Interiores. 1996.

En el desarrollo de sus actividades los alcaldes han solicitado apoyo en algunas de sus labores que consideran prioritarias, las que según el estudio de Fundacomún (1977), son el asesoramiento y capacitación. En detalle, el 78% solicita asesorías, el 68% capacitación, el 56% indica requerimientos de financiamiento y el 48% pidió información.

**Capacitación requerida**. En cuanto a la capacitación requerida, ésta se orienta hacia algunas áreas prioritarias, cuyas cinco más importantes son las siguientes:

- Gerencia municipal (41,7%).
- Servicios públicos y catastro (12,3%).
- Ordenamiento y régimen Municipal, ordenanzas (7,9%).
- Capacitación y asistencia a su personal (7%).
- Financiamiento de programas (7%).
- Consolidación de barrios (4%).

Además, se constató que un grupo de 18 municipios (6%) espera recibir de las empresas petroleras apoyo en todas las áreas. En realidad se trata de municipios petroleros. Otro grupo mayor, el 9% espera recibir apoyo de las universidades, especialmente en capacitación.

**Nivel educativo de alcaldes**. Según Fundacomún (1977), el 54% de ellos posee educación superior y un 45 % que no tiene nivel universitario, predominando en este grupo la educación media, 37% del total y 82% del segundo grupo. El 8% del total posee sólo educación básica.

**Experiencia profesional previa**. En cuanto a su experiencia profesional de antes de ser alcalde, esta se divide en tres grandes grupos: 21% son educadores, 20% son comerciantes y un 19% eran técnicos.

**Código de gastos del presupuesto**. La información de OCEPRE detalla el monto de los presupuestos y gastos elaborados por los Municipios y los principales ítems de gastos. En relación con los gastos se puede decir que el área de ambiente no tiene un código de categoría directo, independiente. Por esta razón, normalmente es incluida en otros sectores como Turismo y recreación (Sector 6), Educación (Sector 8) y Desarrollo urbano (Sector 11). La mayor parte de las veces es en éste último sector en donde se incluye como inversión de obras. Los resultados de estos sectores en comparación con el resto, durante el año1996, alcanzaron las siguientes cifras:

==========================================

| SECTOR | NOMBRE | PRESUPUESTO (Millardos de Bs.) | % |
|--------|--------|---------------------|---|
| 01 | Dirección adm. | 58,8 | 23,6 |
| 02 | Seguridad | 5,7 | 2,3 |
| 03 | Agrícola | 0,6 | 0,2 |
| 04 | Energía | 0,1 | 0,0 |
| 05 | Indust. y comercio | 0,5 | 0,2 |
| 06 | Turismo y recreac. | 1,4 | 0,6 |
| 07 | Transporte | 4,4 | 1,7 |
| 08 | Educación | 7,2 | 2,9 |

132

| 09 | Cultura | 3,0 | 1,2 |
| 10 | Ciencia | 0,1 | 0,0 |
| 11 | Des. Urbano | 84,5 | 33,9 |
| 12 | Salud | 4,5 | 1,8 |
| 13 | Desarrollo social | 12,3 | 4,9 |
| 14 | Seguridad social | 25,1 | 10,1 |
| 15 | No clasificados | 40,6 | 16,3 |
| | **T O T A L** | **248,9** | **100,0** |

Fuente: Ocepre, 1997.

Esto significa que el área de ambiente tiene en los municipios escasa inversión. No es significativa y de alguna forma indica que tanto el nivel de conciencia como la estructura de gestión es limitada. Igualmente, se puede señalar a manera de información, que los presupuestos para otros sectores relacionados también son muy reducidos, como es el caso del sector agrícola que tiene un presupuesto tres veces menor que el de Turismo, que no existe para el sector Energía ni para el de Ciencia y que para salud es de 1,8%. Por el contrario, para la Dirección del Municipio éste alcanza a un 23,6%, para Desarrollo social 4,9%, para Seguridad social 10% y no clasificados 16,3%.

En relación con el gasto municipal, el análisis efectuado según El Plan Unico de Cuentas que debe emplearse en la formulación, ejecución y control del presupuesto del Sector Público, implementado por Ocepre, en la distribución del gasto para 1996, indica que las mayores cantidades se efectuaron en las siguientes partidas:

| PARTIDAS | MONTO (Millardos de Bs.) | % |
|---|---|---|
| 4.01 Personal | 84.11 | 33.1 |
| 4.04 Activos | 71.67 | 28.3 |
| 4.07 Transferencias | 45.73 | 18.0 |
| 4.03 Servicios no personales | 27.90 | 11.0 |
| Otras partidas | 24.40 | 9.6 |

Fuente: Ocepre, 1997.

Se debe hacer notar que las partidas de la Cuenta de egresos 4.01, correspondientes a gastos de personal, incluyen remuneraciones por sueldos y otras retribuciones (como aguinaldos, subvenciones o prestaciones sociales), no así los gastos destinados a defensa y seguridad, que se imputan a la partida 4.51. A su vez, la partida 4.04, de activos reales, comprende las compras de maquinarias y equipos nuevos, reparaciones mayores, así como construcciones y obras de infraestructura de dominio público. La partida 4.07, de trasferencias, corresponde a los aportes que realiza el municipio a otros entes públicos, privados o al sector externo y que no suponen contraprestación de bienes y servicios y cuyos importes no serán reintegrados por los beneficiarios, tales como, pensiones, jubilaciones, becas (escolares, universitarias o profesionales, dentro y fuera del país), donaciones a personas, subsidios educacionales, culturales o de beneficio privado. La partida 4.03, servicios no personales, corresponde a servicios prestados por personas jurídicas, alquileres de inmuebles, servicios de información, impresión y relaciones públicas, comisiones, viáticos y pasajes, así como honorarios por trabajos eventuales o relaciones sociales.

Esto muestra con claridad las estructura del gasto municipal y permite visualizar como se puede efectuar una gestión ambiental, visiblemente constreñida por la utilización de partidas con fines administrativos o de infraestructura básica, preferentemente

### 3.6.2. Los problemas ambientales.

En relación con la problemática ambiental, el análisis general de los resultados que se presentan señala que en el país se reconocieron 71 problemas ambientales. La mayor parte de ellos son de afectación a los recursos naturales (29 problemas), le siguen las que afectan al agua (15 problemas), infraestructura y servicios públicos (12 problemas), valores culturales (12 problemas) y aire (3 problemas). No se señalan problemas que afectan al clima.

La lista general de problemas ambientales del país, se encuentra en el siguiente Cuadro, según categorías.

## Categorías / Problemas ambientales

**1. RECURSOS NATURALES:**

1.1 Degradación de suelos por establecimiento de cultivos s/prácticas conservacionistas.

1.2 Degradación de los suelos p/ubicación población en áreas geológicas peligrosas.

1.3 Disminución de cobertura boscosa en ABRAE y cuencas altas debido a presencia de conucos y pequeñas fincas

1.4 Degradación de suelos por anarquía de desarrollo habitacionales e industriales.en áreas urbanas.

1.5 Fuerte presión urbanística fuera de áreas urbanas.

1.6 Desestabilización de cauces ocasionado p/extracción de minerales no metálicos.

1.7. Afectación de zonas protectoras de Ley y ABRAE

1.8 Afectación ilegal de productos forestales. y habitats de la fauna

1.9 Desarrollo de parcelas agroturísticas en tierras de vocación agrícola.

1.10 Utilización de tierras de vocación agrícola uso urbano.

1.11 Tala y quema indiscriminada como método de siembra.

1.12 Destrucción de bosques y sabanas por incidencia de incendios de vegetación en temporada de verano.

1.13 Sobre explotación y manejo irracional de la fauna acuática. Pesca indiscriminada.

1.14 Cacería furtiva

1.15 Periódicas mortandades de peces de los ríos.

1.16 Degradación generalizada de R.N. en las cuencas altas.

1.17 Contaminación de áreas agrícolas p/uso incontrolado de biocidas.

1.18 Destrucción de R.N. p/explotación indiscriminada de minerales no metálicos.

1.19 Inadecuada ocupación del territorio.

1.20 Contrabando de especies de fauna

1.21 Degradación de los suelos p/erosión.

1.22 Aprovechamiento irracional de madera en reservas forestales.

1.23 Ocupación ilegal de reservas forestales.

1.24 Degradación de áreas marino-costeras

1.25 Contaminación ambiental por inadecuado funcionamiento de las empresas.

1.26 Disminución de cobertura boscosa por expansión de la actividad agrícola.

1.27 Degradación del suelo por actividad minera.

1.28 Degradación de suelo por actividad pecuaria.

1.29 Impacto ambiental proyectos de desarrollo

## 2. AGUA

2.1 Contaminación de cuerpos de agua por descargas domésticas s/tratamiento..

2.2. Contaminación de cuerpos de agua por arrastre de biocidas.

2.3 Inundaciones de poblados por desbordamiento de ríos y quebradas en período de lluvias.

2.4 Contaminación de cuerpos de agua p/descargas de efluentes líquidos s/tratamiento producidos p/industrias

2.5. Contaminación de aguas p/desechos sólidos.

2.6 Contaminación de aguas p/descargas de granjas porcinas.

2.7 Excesiva concentración en áreas urbanas de industrias altamente consumidoras y contaminantes de agua.

2.8 Disminución de caudales de los ríos y quebradas p/intervención de sus nacientes.

2.9 Uso incontrolado de aguas subterráneas para riego de cultivos.

2.10 Arrastre de sedimento proveniente del marcado deterioro de las cuencas altas.

2.11 Obstrucción de cursos de agua.

2.12 Disminución de la calidad de agua en cuencas y ríos abastecedores de agua.

2.13 Inundaciones de tipo torrencial.

2.14 Disminución de la calidad de agua y afectación fauna acuática por actividad minera

2.15 Alteración de régimen hídrico por actividad minera

137

### 3. INFRAESTRUCTURA
3.1. Inadecuada disposición de aguas servidas p/falta de cobertura sistema cloacal.
3.2 Deficiente e inadecuado sistema de recolección y disposición de desechos sólidos.
3.3 Deficiente servicio de agua potable
3.4 Construcción de viviendas en áreas restringidas y vías de comunicación.
3.5 Deficiente red cloacal.
3.6 Alta densidad de industrias altamente contaminantes.
3.7 Gran acumulación de desechos tóxicos peligrosos
3.8 Falta de sistema de tratamiento de aguas servidas.
3.9 Daños ambientales ocasionados p/construcción vías de comunicación
3.10 Deterioro de lagunas de estabilización y plantas p/tratamiento de aguas servidas
3.11 Estancamiento de aguas p/falta de drenajes urbanos.
3.12 Falta de laguna de oxidación por industria.

### 4. AIRE
4.1. Contaminación atmosférica significativa en áreas urbanas
4.2. Contaminación sónica significativa en áreas urbanas
4.3 Contaminación en áreas agrícolas por constantes fumigaciones aéreas y uso incontrolado de agroquímicos.

### 5. VALORES CULTURALES
5.1 Deficiente Programa de Educación Ambiental.
5.2 Ausencia de conciencia ambiental.
5.3 Falta de Programa de Educación Ambiental
5.4 Bajo nivel educativo de la población
5.5 Falta de infraestructura para recreación
5.6 Afectación de población indígena.
5.7 Inadecuado mantenimiento urbano.
5.8 Analfabetismo
5.9 Insalubridad.
5.10 Sin respaldo legal del patrimonio arquelógico.
5.11 Degradación de sitios de recreación.
5.12 No existen grupos comunitarios.

**Los problemas ambientales más graves**. La información recogida permite decir que, a nivel de municipio, en el país existen tres graves problemas ambientales cuya ocurrencia se produce, prácticamente, en todos los estados. Estos son, por orden de mayor frecuencia en los municipios, los siguientes:

- Un deficiente e inadecuado sistema de recolección y disposición de desechos sólidos (presente en 20 Estados y en 225 municipios).
- La contaminación de cuerpos de agua por descargas domésticas sin tratamiento adecuado (presente en 19 Estados y en 178 municipios).
- La afectación ilegal de productos forestales y de hábitats de la fauna silvestre (presente en 15 Estados y en 138 municipios).
- Otros problemas de gran ocurrencia son los de afectación de zonas protectoras de Ley y de ABRAE (en 12 Estados y en 118 municipios), contaminación de cuerpos de agua por descargas de efluentes sin tratamiento de industrias (en 15 Estados y en 112 municipios) y degradación de suelos por establecimiento de cultivos sin prácticas conservacionistas (en 10 Estados y 71 municipios).
- Degradación generalizada de los recursos naturales en cuencas altas (en 9 estados y 103 municipios).

Esto equivale a decir que, en términos de categorías de problemas ambientales, en todos los estados y en parte significativa de sus municipios, existen muchos problemas con los recursos naturales, agua e infraestructura. En forma cuantitativa, los mayores problemas en general, sobrepasan de cinco (5) impactos al ambiente. A su vez, se agrava la situación de muchos municipios al añadirse problemas relacionados con aire y valores culturales. La categoría de problemas que afectan al clima, realmente, no parece tener significación en los municipios, al menos desde el punto de vista de la información recogida.

A su vez, los Estados con mayor número de problemas ambientales son Distrito Federal (23 problemas), Anzoátegui (31 problemas), Aragua (29 problemas), Bolívar (32 problemas). Cojedes (31 problemas), Lara (31 problemas), Miranda (32 problemas), Monagas (29 problemas), Trujillo (25 problemas) y Yaracuy (27 problemas).

La lista de los municipios con categorías de mayores problemas en el país se presenta en el siguiente cuadro:

| Estado | Municipio | N° Problemas | Categorías de mayores problemas | | | | | |
|---|---|---|---|---|---|---|---|---|
| | | | R N | Agua | Infra | Aire | Clima | VC |
| Dtto. Federal | Libertador | 15 | X | X | X | X | - | - |
| | Vargas | 14 | X | X | - | X | - | - |
| Amazonas | Atures | 7 | X | X | X | - | - | - |
| Anzoátegui | Aragua | 12 | X | X | X | X | - | - |
| | Cajigal | 9 | X | X | X | - | - | - |
| Apure | Achaguas | 16 | X | X | X | - | - | - |
| | Biruaca | 13 | X | X | X | - | - | - |
| | P. Camejo | 16 | X | X | X | - | - | - |
| | R.Gallegos | 16 | X | X | X | - | - | - |
| Aragua | J.A.Lamas | 13 | X | X | X | X | - | X |
| | J. F Rivas | 15 | X | X | X | - | - | X |
| | S.Michelena | 17 | X | X | X | X | - | X |
| Barinas | A Torrealba | 11 | X | X | X | - | - | - |
| | A, Sucre | 13 | X | X | X | - | - | - |
| | Bolívar | 12 | X | X | X | - | - | - |
| | Pedraza | 14 | X | X | X | - | - | X |
| Bolívar | Caroní | 19 | X | X | X | X | - | - |
| | Heres | 15 | X | X | X | X | - | - |
| | Piar | 13 | X | X | X | - | - | X |
| | R. Leoni | 12 | X | X | - | - | - | - |
| | Sucre | 14 | X | X | - | - | - | - |
| Carabobo | J. J. Mora | 06 | X | X | X | X | - | - |
| | Pto. Cabello | 07 | X | X | X | X | - | - |
| Cojedes | Anzoátegui | 12 | X | X | X | - | - | - |
| | Falcón | 11 | X | X | X | X | - | - |
| | San Carlos | 19 | X | X | X | X | - | - |
| | Tinaco | 12 | X | X | X | - | - | - |
| Delta Amacuro | Tucupita | 17 | X | X | X | - | - | X |
| | Casacoima | 16 | X | X | X | - | - | X |
| Falcón | Carirubana | 12 | X | X | X | X | - | - |
| | Los Taques | 12 | X | X | X | X | - | - |
| | Miranda | 14 | X | X | X | X | - | - |
| | Silva | 12 | X | X | X | - | - | - |
| | Tocopero | 12 | X | X | X | - | - | - |
| | Zamora | 12 | X | X | X | - | - | - |
| Guárico | F. Miranda | 11 | X | X | X | X | - | - |
| | J. A. Roscio | 07 | X | X | X | - | - | - |
| | J. Mellado | 07 | X | X | X | - | - | - |
| Lara | Crespo | 13 | X | X | X | X | - | - |
| | Iribarren | 17 | X | X | X | X | - | - |
| | Moran | 17 | X | X | X | - | - | - |
| | Palavecino | 13 | X | X | X | X | - | - |

141

| Estado | Municipio | N° Problemas | Categorías de mayores problemas | | | | | |
|---|---|---|---|---|---|---|---|---|
| | | | R N | Agua | Infra | Aire | Clima | VC |
| Mérida | A.Adriani | 16 | X | X | X | X | - | - |
| | A. Bello | 14 | X | X | X | X | - | - |
| | A. | 18 | X | X | X | X | - | - |
| | P.Salinas | 14 | X | X | X | X | - | - |
| | Miranda | 14 | X | X | X | X | - | - |
| | R. Dávila | 15 | X | X | X | X | - | - |
| | Sucre Tovar | 14 | X | X | X | X | - | - |
| Miranda | Acevedo | 15 | X | X | X | - | - | - |
| | Guaicaipuro | 17 | X | X | X | - | - | - |
| | Independcia | 17 | X | X | X | - | - | - |
| | . | 18 | X | X | X | - | - | - |
| | Lander | 17 | X | X | X | X | - | - |
| | Sucre Zamora | 15 | X | X | X | - | - | - |
| Monagas | Caripe | 05 | X | X | - | - | - | - |
| | Maturín | 07 | X | X | X | - | - | - |
| Nva. Esparta | Maneiro | 15 | X | X | X | X | - | - |
| | Marcano | 14 | X | X | X | - | - | - |
| | Mariño | 13 | X | X | X | X | - | - |
| Portuguesa | Araure | 13 | X | X | X | - | - | - |
| | Esteller | 12 | X | X | X | - | - | - |
| | Guanare | 14 | X | X | X | X | - | - |
| Sucre | Mariño | 09 | X | X | X | - | - | - |
| | Sucre | 11 | X | X | X | X | - | - |
| Táchira | Ayacucho | 12 | X | X | X | X | - | - |
| | Junín | 10 | X | X | X | - | - | - |
| | M. F. Feo | 10 | X | X | X | - | - | - |
| | Vargas | 10 | X | X | X | - | - | - |
| Trujillo | Bocono | 14 | X | X | X | - | - | X |
| | Carache | 15 | X | X | X | X | - | - |
| Yaracuy | Bolívar | 15 | X | X | X | - | - | - |
| | San Felipe | 10 | X | X | - | - | - | - |
| Zulia | Catatumbo | 07 | X | X | X | - | - | - |
| | Colón | 07 | X | X | X | - | - | - |
| | Lagunillas | 09 | X | X | X | X | - | - |
| | Mara | 07 | X | X | X | - | - | - |
| | Maracaibo | 07 | X | X | X | X | - | - |
| | R. de Perijá | 08 | X | X | X | - | - | - |
| | Santa Rita | 08 | X | X | X | - | - | - |
| | S. Bolívar | 08 | X | X | X | - | - | - |

142

### 3.6.3 Gestión ambiental.

En relación con esta variable, los resultados de la muestra estudiada señalan una tendencia bastante clara en el sentido de que la mayor parte de los municipios, un 85%, presentan un nivel de gestión ambiental prácticamente inexistente. Los municipios que escapan a esta tendencia se presentan en el siguiente cuadro:

| ESTADO | MUNICIPIOS | CATEGORIAS DE GESTION AMBIENTAL | | |
|--------|-----------|---|---|---|
| | | A | B | (1) |
| AMAZONAS | Autana | - | x | |
| ANZOATEGUI | Guanipa | - | x | |
| | Bolívar | - | x | |
| | Guanta | - | x | |
| | Sotillo | - | x | |
| ARAGUA | Girardot | x | - | |
| BOLIVAR | El Callao | - | x | |
| | Gran Sabana | x | - | |
| CARABOBO | Valencia | x | - | |
| | Naguanagua | - | x | |
| DELTA AMACURO | Tucupita | - | x | |
| FALCON | Miranda | - | x | |
| GUARICO | J .G. Roscio | - | x | |
| LARA | Torres | - | x | |
| MIRANDA | Sucre | - | x | |
| | El Hatillo | - | x | |
| | Plaza | - | x | |
| | Zamora | - | x | |

| MONAGAS | Libertador | - | x |
|---|---|---|---|
| SUCRE | Cruz Salmeron | - | x |
| ZULIA | Valmore Rodrígz | - | x |
| | Maracaibo | x | - |

(1) El resto de los municipios poseen categoría C o es vacío de información.

## 3.6.4 Conciencia ambiental

Las tendencias de la variable conciencia ambiental son parecidas a las de la gestión, tal vez, un poco más agudizadas en cuanto a su poca relevancia en los municipios. Por esto, la forma predominante en los municipios es la categoría C, ausencia de elementos de conciencia ambiental. En el Cuadro siguiente se puede observar esta situación:

| ESTADO | MUNICIPIOS | CATEGORIAS DE CONCIENCIA AMBIENTAL | | |
|---|---|---|---|---|
| | | A | B | (1) |
| AMAZONAS | Autana | - | x | |
| ANZOATEGUI | Guanipa | - | x | |
| | Guanta | - | x | |
| BOLIVAR | El Callao | - | x | |
| | Gran Sabana | - | x | |
| CARABOBO | Valencia | - | x | |
| | San Diego | - | x | |
| COJEDES | Falcón | - | x | |
| DELTA AMACURO | Tucupita | - | x | |
| FALCON | Miranda | - | x | |

144

| | | | |
|---|---|---|---|
| LARA | Crespo | - | x |
| PORTUGUESA | Guanare | - | x |
| ZULIA | Valmore Rodríguez | - | x |
| | Maracaibo | - | x |

**(1) El resto de los municipios poseen categoría C o es vacío de información.**

Este panorama indica que los esfuerzos a realizarse en el área de educación ambiental y del proceso de conciencia deberán ser fuertes e intensos para poder mejorar una situación que a todas luces es desventajosa para la solución de los problemas ambientales.

### 3.6.5 Entrevistas a alcaldes.

Las entrevistas a las máximas autoridades del municipio confirmó las tendencias ya vistas, agregando antecedentes importantes sobre las causas y perspectivas que tiene la problemática ambiental local.

La sistematización de las respuestas se presenta en el siguiente Cuadro.

| |
|---|
| **NOMBRE DEL ALCALDE.:**  Elsa Violeta Montoya |
| **ESTADO:**   Edo. Cojedes |
| **MUNICIPIO:** Municipio Ricaurte |
| **RESPUESTAS A LOS TEMAS** |

145

**Problemas ambientales**:

-Contaminación de caño Cojedes por desechos tóxicos provenientes de central azucarera Río Turbio.

-Sistema de cloacas sedimentadas.

-Mala ubicación de estación de bombeo.

-Biocidas.

-Mala ubicación de aserradero en el Centro de la ciudad.

**Gestión ambiental**. No hay.

**Conciencia**. No existen instituciones específicas. Existen en salud y cultura.

**Preocupaciones**. Explotación petrolera. No hay relación con la operadora. Su actividad afectaría al agua, la salud y crearía una economía artificial. Desconoce los programas. No tiene formas de preparar a la gente.

**Opinión sobre el PCA**. Sería muy bueno.

---

**NOMBRE DEL ALCALDE**:  Sotero Gonzalez

**ESTADO:** Edo. Aragua

**MUNICIPIO:** Barbacoa.

---

**RESPUESTAS A LOS TEMAS**

**Problemas ambientales**:

-Carencia de agua para un tercio del municipio.

**Gestión ambiental**. No la considera necesario. Municipio de 25.000 Hab.

**Conciencia**. No existen instituciones específicas.

**Preocupaciones**. Municipio rural, agrícola, los problemas de contaminación por biocidas disminuyeron por su alto costo.

**Opinión sobre el PCA**. Lo considera necesario e importante como medida preventiva.

---

**NOMBRE DEL ALCALDE** Moraima Machado de S.
    **ESTADO:**          Edo. Cojedes
    **MUNICIPIO:**      Lima Blanco.

---

**RESPUESTAS A LOS TEMAS**
**Problemas ambientales**:

        -Deforestaciones en Cuenca de Macapo.
        -Existencia de ganadería en Cuencas altas.
        -Falta de cloacas en Aguadita, Jabillo y Miriragas.
        -Tiene 150 casos de lepra blanca. También de leishmanosis.

**Gestión ambiental**. No tiene.
**Conciencia**. No existen instituciones específicas. Existe Fundación de Salud.
**Preocupaciones**. Municipio rural, agrícola.
**Opinión sobre el PCA**. Lo considera necesario.

---

**NOMBRE DEL ALCALDE** José Ocando:
**ESTADO:**                         Edo.
           Mérida
    **MUNICIPIO:**
           Obispo Ramos.

---

**RESPUESTAS A LOS TEMAS**
**Problemas ambientales**:

-Deforestaciones en cuencas altas, con fines de vender madera. Calcula que se han secado 200 caños.

-Basura.

**Gestión ambiental**. Existe un Depto. de Ambiente en Ingeniería Municipal. Tiene como función controlar los Estudios de Impacto Ambiental. Confiaba en el MARNR, pero éste ya no tiene recursos. Está haciendo una mancomunidad con 12 municipios para resolver problema de la basura. Requiere educación para la gestión ambiental.

**Conciencia**. No existen instituciones específicas. Coordina a Juntas de vecinos.

**Preocupaciones**. Municipio petrolero. Ha planteado sus problemas a PDVSA y Maraven. Piensa que la industria pertrolera debería servir como intermediaria para obtener financiamiento. El daño ambiental esta protegido por la corrupción, la deforestación se hace con permisos.

**Opinión sobre el PCA**. Hace mucha falta.

---

**NOMBRE DEL ALCALDE**: Evelio R. Pérez García
**ESTADO:** Edo. Táchira.
**MUNICIPIO:** Seboruco.

---

**RESPUESTAS A LOS TEMAS**

**Problemas ambientales**:

-Contaminación de los ríos por vertedor de basura.

-Deforestación y tala de bosques.

-No hay repoblación forestal.

-Contaminación de minas de cobre y carbón.

148

**Gestión ambiental**. Mantiene un vivero, con lo cual repartió 3000 caobas para plantaciones escolares. No tiene unidades administrativas. Es responsabilidad directa del Alcalde.

**Conciencia**. No existen instituciones específicas. Dictan cursos. Con las escuelas y la población han establecido 30 vigilantes ambientales, formados por el MARNR.

**Preocupaciones**. Denuncia negocio de las guías de tránsito de la madera. Han informado a la GN y al MARNR, sin resultados.

**Opinión sobre el PCA**. Se requiere. Está dispuesto a participar.

---

**NOMBRE DEL ALCALDE**: José A. Pérez:
**ESTADO:** Edo. Anzoátegui
**MUNICIPIO:** Sta. Ana.

---

**RESPUESTAS A LOS TEMAS**

**Problemas ambientales**:

-Contaminación de represa Las Estancas por desechos de industrias de Anaco.

-Descargas fecales a la represa.

-Basura en la ciudad.

-Denuncia desaparición del río Orocopiche

**Gestión ambiental**. No hay.

**Conciencia**. No existen instituciones específicas ni ONG. Se hace en los liceos.

**Preocupaciones**. Municipio petrolero. Corpoven colabora en la construcción de un relleno sanitario. La sede del MARNR se encuentra en Anaco, muy distante para solicitar colaboración. Con apoyo de Corpoven están constituyendo una mancomunidad para la basura.

**Opinión sobre el PCA**. Hace falta. Se debería ver el problema del petróleo con propietarios privados

---

**NOMBRE DEL ALCALDE**: Ángel Arbelaez
**ESTADO:** Edo. Guárico
**MUNICIPIO:** San José de Guaribe.

---

**RESPUESTAS A LOS TEMAS**
**Problemas ambientales**:

-Deforestaciones de las Filas del Bachiller (cordillera)

-Limpieza de canales y ríos.

-Basura en la ciudad (sólo tiene vertedero).

-Pide declarar P.N. a la Cordillera.

**Gestión ambiental**. No hay. Trabaja con un grupo civil.

**Conciencia**. No existen instituciones específicas ni ONG. Se hace en los liceos.

**Preocupaciones**. Denuncia que premisos de deforestación son manejados por gente de poder económico y militar (en retiro), dueños de los predios.

**Opinión sobre el PCA**. Hace falta. Se debería utilizar para hacer estas denuncias.

---

### 3.6.6 Estudio de casos.

El análisis de la problemática ambiental en su conjunto, vistas las secciones anteriores, relativas a las distintas variables y parámetros utilizados, plantea numerosas interrogantes sobre su interpretación. En especial, surge la necesidad de dar respuesta a algunas de las tendencias más claras encontradas. En este sentido, se ha pensado en describir algunos situaciones particulares de lo que está ocurriendo, algo similar a tener una fotografía de la realidad, que por sus características propias expliquen su relación con lo ambiental. Tales son los estudios de casos que se presentan sistematizados entres tipos, los que de alguna manera explican lo que está ocurriendo en la realidad municipal y que tiene como referente directo a la problemática ambiental.

### CASO UNO: LOS PROBLEMAS DE POBREZA QUE AFECTAN AL AMBIENTE.

Este caso muestra que los agobiantes problemas que padecen muchos pequeños municipios no dejan espacio para la gestión ambiental, como lo muestran los Municipios de Mejía (Edo. Sucre) y José R.

Revenga (Edo. Aragua), de los cuales se citan parte de sus presentaciones de las Memorias y Cuentas (1996) que dejan en claro esta situación:

Municipio Mejía:

la alcaldía del municipio se incorporó a través de la coordinación social al programa de alimentos estratégicos, incluido en la agenda Venezuela, aportando una cantidad de dinero que incluye gastos de alquiler del centro de acopio, pago del administrador de dicho centro y un substancial aporte en dinero para el pago de los rubros alimenticios incorporados a este programa; de esta forma se ha querido abaratar en un 40% menos los costos del consumo de aceite, arroz, harina, sardinas y caraotas; alimentos que son consumidos en un alto porcentaje en el municipio Mejía".

Municipio José R. Revenga:

...la conformación socio demográfica del municipio Revenga, hizo necesario que la parte dedicada a la satisfacción de las necesidades humanas básicas, tuvieran un primer orden de importancia porque debemos señalar que los grados de pobreza y pobreza critica son extremadamente altos. se calcula que alrededor del 50% de la población que conforma la municipalidad no cuenta tan siquiera con los recursos para adquirir un porcentaje superior al 40% de la cesta básica, sin contar que esto tan solo es una parte de los gastos que debe asumir una familia. si agregamos a esto el costo de los servicios mas lo referente al vestido, tenemos que el deterioro promedio se ubica en por lo menos un 80%. visto desde estos indicadores la administración, que tiene como función primordial la atención a sus vecinos, se esforzó en ayudar de manera directa a un gran numero de personas, mediante las ayudas en dinero en algunos casos, de comida en otros, con medicamentos y, complementariamente, colaboró para la cancelación de los servicios básicos, primordialmente el de la electricidad, que es donde se han dado los mayores incrementos ...

## CASO DOS: UNA GERENCIA AMBIENTAL ADECUADA

En este caso se muestran dos municipios en los cuales la gestión ambiental ha tenido un cierto desarrollo y se encamina hacia la conformación de estructuras permanentes y de mayor proyección en la sociedad. Estos son los Municipios Girardot (Edo. Aragua) y Autana (Edo. Amazonas). De ellos se hace un resumen de las principales características de su gestión, de acuerdo a lo que señalan sus respectivas Memorias y Cuentas (1996).

En relación con el primer municipio mencionado, se constata la creación de la Dirección de Ambiente, Turismo y Recreación, la cual la conforman dos divisiones, ambiente y turismo. Un resumen de la gestión ambiental es el siguiente:

- Implementación del Plan Ambiental.
- Análisis del plan local del Municipio Girardot.
- Proyectos para sitio de desechos sólidos en Choroní.
- Revisión del Plan de Desarrollo local de Pto. Colombia.
- Análisis del Plan Urbano de Choroni.
- Coordina con Promueba el Plan de Saneamiento ambiental de la costa (Choroni y Pto. Colombia).
- Proyecto de ordenanza municipal sobre conservación, defensa y mejoramiento del medio ambiente y de los recursos naturales renovables.
- Miembro de la Comisión del Lago de Valencia para crecidas.

En el caso del Municipio Autana (Edo. Amazonas), creado en Enero de 1996, se constata la existencia de un Plan participativo estratégico para resolver los problemas que afectan a la población. Se han establecido coordinaciones interinstitucionales con CINDRO, Fundacomún e Ince, para la formación de personal del municipio y con FIDES para la creación de un sistema de transporte fluvial. En el campo educativo se intenta poner en servicio la TV local (Autanavisión) así como la instalación de una red de estaciones de radio.

Desde el punto de vista de actividades participativas, se han iniciado la ejecución de talleres de capacitación de jóvenes para la autogestión y el establecimiento de escuelas. Se han organizado encuentros, foros, asambleas y reuniones con líderes de las comunidades. La comunidad organizada participa en la formulación del Proyecto Económico de los municipios vecinos Atures, Manapiare y Alto Orinoco.

## CASO TRES: UNA GERENCIA AMBIENTAL SATISFACTORIA.

En este caso se incluyen a un Municipio de gran tamaño y de la región central, en donde ha sido posible constatar estructuras de gestión y conciencia ambiental de gran desarrollo, al punto de ser descentralizadas también, aun dentro del municipio. La política de protección y saneamiento del ambiente en el Municipio Sucre (Edo. Miranda) se ejecuta a través del Instituto Municipal de Protección y Saneamiento Ambiental (IMAPSAS).

El objetivo de IMAPSAS es el de aplicar técnicas especiales de saneamiento ambiental, con la finalidad de lograr la eficaz prestación del servicio de aseo urbano y dar cumplimiento a lo establecido en las ordenanzas sobre contaminación atmosférica y ambiental. En sus funciones planifica, programa, organiza, dirige, coordina., administra, regula y controla todo lo relativo a transporte, reciclaje, tratamiento y disposición final de desechos, basuras y desperdicios, con la correspondiente divulgación de la Educación Ambiental. Cuenta con un Consejo Directivo, una Presidencia y un Secretario. En el nivel de asesoría tiene un Consejo Consultivo, un Gerente de Administración, un Consultor Jurídico, una Gerencia Técnica y una Gerencia de Educación Ambiental. En el nivel operativo cuenta con una oficina de personal, una unidad de Administración y una unidad de promoción. Su presupuesto alcanza a los Bs. 156 millones, equivalentes al 3,31% del total.

## CONCLUSIONES

**1.- Los municipios.** La problemática ambiental en el país es significativa y se manifiesta en todas las variables estudiadas. La existencia de numerosos municipios es una de las causas estructurales por la cuales esta situación podría agravarse. Esto se debe a que lo alcaldes concentran su actuación en la solución de problemas urgentes, los cuales tienden a sobrepasar sus capacidades técnicas. Por otra parte, la administración central parece haber salido de la acción local, lo cual agrava la situación y, finalmente, cerca del 73% de los municipios son de menos de 50.000 habitantes, es decir, son más bien pequeños, con actividades agrícolas y con escasos recursos, producto de su propia dimensión.

Los municipios de mayor superficie, por el contrario, se encuentran en el sur del país, con muy poca población y limitadas posibilidades de gestión. Los municipios de mayor densidad poblacional, se encuentran concentrados en las grandes ciudades con problemas diferentes. En estos existen recursos suficientes, y en ellos se visualiza la mejor gestión ambiental reconocida en el estudio.

**2.- Los alcaldes**- Estas autoridades no contemplan en sus prioridades la cuestión ambiental. El apoyo por ellos solicitado se dirige a la capacitación en gestión, servicios, catastro, ordenamiento y régimen municipal. Un grupo importante de ellos, un 18% espera recibir de las empresas petroleras apoyo en todas las áreas. Este panorama de asistencia se funda en el hecho de que la formación educativa de los alcaldes se divide casi en partes iguales entre los que poseen formación universitaria (54% y de ellos, un 21% son educadores) y entre los que no lo son (45%, entre los que un 20% son comerciantes).

**3.- Presupuestos y gastos del municipio**. La información presupuestaria de Ocepre confirma y amplía estas apreciaciones al observarse en sus formulaciones que no existe un sector de financiamiento municipal destinado únicamente al ambiente. Este debe ser incluido en los sectores de Turismo y Recreación, Educación (rara vez) y Desarrollo urbano (la mayor de las veces, como inversión de obras de ornato y creación de áreas verdes). Aún así, el presupuesto de estos sectores, en su conjunto, no alcanza al 34%, por lo que se debe asumir que la inversión y gasto en ambiente es baja y no es significativa. Esto indica, de alguna manera, que la problemática ambiental no tiene el cuido debido, que el nivel de gestión es limitado y que el grado de conciencia no podría ser alto. Por el contrario, el sector destinado a Dirección administrativa del municipio sólo alcanza un 23,6%, seguridad social un 10,1% y no clasificados, un 16,3%.

El gasto municipal, por su parte, según el Plan Único de Cuentas de Ocepre muestra que los egresos de la partida 4.01 (correspondiente a remuneraciones, sueldos, aguinaldos, subvenciones y otros similares), alcanza el mayor valor con un 33,1%, seguido por la partida 4.04 destinada a activos reales (maquinarias, equipos, reparaciones mayores) que alcanza un 28,3%, lo cual configura más de la mitad del gasto municipal y que confirma los señalado con respecto al presupuesto como a las funciones y dimensiones de los municipios ya vistos.

**4.- Fases del PCA.** La implantación del programa se estructuró en 8 fases con actividades precisas. La (1) fase fue la de preparación de los diseños para la concientización y los recursos de apoyo con el fin de tener manuales y materiales de apoyo. La (2) fase fue la de sensibilización, que determinó la receptividad que tendría el PCA ante los promotores, autoridades locales, alcaldías y actores de la sociedad civil local, con el fin de conocer su nivel de aceptación, disposición para una actividad de cogestión, voluntad para emprender el proyecto y luego para la solución de problemas ambientales y en su realimentación. La (3) fase fue ya el inicio de actividades para lograr la integración de los equipos locales para asumir el PCA, detectando sus líderes, y conformando el grupo de cada taller. La (4) fase fue la de inducción, a través de un procesos de reflexión-acción que unificara la conciencia inicial del grupo, en donde se inician los siguientes talleres: de integración del grupo (logrando una cohesión interinstitucional del grupo local); taller de problemas ambientales, con el fin de conocer su diagnóstico del municipio en esta materia; taller de gestión ambiental con el fin de concretar la estrategia para cambiar el nivel de eficiencia y capacidad instalada para dar solución a los problemas ambientales; y el taller de conciencia, con el cual se logra el proyecto local de cogestión ambiental para dar las soluciones de los problemas prioritarios del municipio. La (5) fase fue la de la ejecución del PCA local en los municipios con el fin de resolver los problemas ambientales prioritarios, bien fuera emprendiendo proyectos o apoyando la gestión local y mediante la producción de piezas de comunicación y de información e incorporando a todos los sectores de la población. La (6) fase fue la de asistencia técnica que proveería de insumos técnicos a cada equipo local PCA y a actores de la sociedad en función de sus necesidades y demandas, como por ejemplo capacitación específica en temas de agua, lagunas de oxidación, rellenos sanitarios y otros, todo con el fin de aumentar la eficiencia del PCA. La (7) fase fue la del seguimiento de los procesos, estableciendo un sistema de control de las variables básicas del PCA. La (8) fase fue la de evaluación de todos los componentes del PCA, ver su efectividad, impacto local, nivel de conciencia ambiental alcanzado y la real solución de los problemas. Una vez concluidas estas fases, se tomaría la decisión de proceder a implementar un PCA a nivel nacional. Las fase de evaluación y siguientes pasos no se lograron efectuar debido a cambios en el gobierno y en las instituciones promotoras (PDVSA, Fundación La Salle y otras instituciones privadas locales).

**5.- Los talleres.** Se formaron cuatro (4) grupos para efectuar los talleres, uno por cada municipio seleccionado, inicialmente compuestos de 25 participantes como máximo. Al inicio del Proyecto de concientización ambiental (PCA), se programó una "reunión local informativa para todos los actores del municipio", en la cual se efectuó un registro de los aportes de los participantes al Proyecto y se llegaba a un acuerdo inicial sobre su incorporación formal al mismo. Luego se procedía a la designación del equipo local que participaría y que se denominó "equipo local PCA" y se procedía a firmar un convenio entre los promotores el PCA con el municipio que formalizaba su realización efectiva. Luego, se procedió a formarlos en los talleres. Los participantes fueron personas  provenientes de diferentes instituciones públicas, privadas,  ONG y de organizaciones de la sociedad civil. Al final de los talleres se estima que quedaron 80 participantes, los cuales se constituirían en multiplicadores de los futuros talleres a efectuar en el resto de sus comunidades replicando los talleres con nuevos grupos de talleristas en los que se repetiría la experiencia sucesivamente y de ejecutar los proyectos para la solución de los problemas ambientales locales con prioridad para esas comunidades, quedando los consultores originales del Proyecto como asesores de todos ellos y encargados de la asistencia técnica y seguimiento.

**6.- Los problemas ambientales**. El análisis de los problemas ambientales muestra la realidad de la problemática. Con dificultades conceptuales, no poca confusión, el devenir de los problemas que afectan al medio natural es delicado.

Desde una perspectiva nacional, el país presenta a la luz de estos resultados, tres graves problemas los cuales son: un deficiente e inadecuado sistema de recolección y disposición de desechos sólidos (presente en 20 estados y en 225 municipios), la contaminación de cuerpos de agua por descargas domésticas, sin tratamiento adecuado, (presente en 19 estados y en 178 municipios) y los problemas de deforestaciones, talas y extracción ilegal de productos forestales así como de hábitats de la fauna silvestre (presente en 15 estados y en 138 municipios).

Otros problemas de gran ocurrencia son los de afectación de zonas protectoras de Ley y de ABRAE (en 12 Estados y en 118 municipios), contaminación de cuerpos de agua por descargas de efluentes sin tratamiento de industrias (en 15 Estados y en 112 municipios) y degradación de suelos por establecimiento de cultivos sin prácticas conservacionistas (en 10 Estados y 71 municipios).

Esto equivale a decir que, en términos de categorías de problemas ambientales, en todos los estados y en parte significativa de sus municipios, existen muchos problemas con los recursos naturales, agua e infraestructura. En forma cuantitativa, los mayores problemas en general, sobrepasan de cinco (5) impactos al ambiente. A su vez, se agrava la situación de muchos municipios al añadirse problemas relacionados con aire y valores culturales. La categoría de problemas que afectan al clima, realmente, no parece tener significación en los municipios, al menos desde el punto de vista de la información recogida.

**7. Los Estados con mayores problemas ambientales**. Los Estados con mayor número de problemas ambientales son Distrito Federal (23 problemas), Anzoátegui (31 problemas), Aragua (29 problemas), Bolívar (32 problemas),.Cojedes (31 problemas), Lara (31 problemas), Miranda (32 problemas), Monagas (29 problemas), Táchira (25 problemas), Trujillo (25 problemas) y Yaracuy (27 problemas).

**8.- La gestión ambiental**. En cuanto al nivel gestión ambiental de los municipios, también se revela una clara tendencia en el sentido de que el 85% de ellos no presentan nivel de gestión ambiental visible, por lo cual se debe concluir que éste es inexistente. Escapan a esta tendencia no más de veinte municipios en todo el país, entre los cuales destacan Maracaibo, Valencia, Girardot y Gran Sabana (Categoría A), además de Autana (Edo. Amazonas), Guanipa, Guanta, Bolívar y Sotillo (Edo. Anzoátegui), El Callao (Edo. Bolívar), Naguanagua (Edo. Carabobo), Tucupita (Delta Amacuro), Miranda y Falcon (Edo. Falcón), J.G. Roscio (Edo. Guárico), Torres (Edo. Lara), Sucre, El Hatillo, Plaza y Zamora (Edo. Miranda), Libertador (Monagas), Cruz Salmeron (Edo. Sucre) y Valmore Rodríguez (Edo. Zulia) que tienen Categoría B.

**9.- Conciencia ambiental**. En relación con el grado de conciencia ambiental, la situación de los municipios es muy baja. El estudio no detectó algún municipio con una conciencia bien conformada y tan sólo unos pocos poseen elementos relevantes de ésta, como son los casos de Autana (Edo. Amazonas), Guanipa y Guanta (Edo. Anzoátegui), El Callao y Gran Sabana (Edo. Bolívar), Valencia y San Diego (Edo. Carabobo), Falcón (Edo. Cojedes), Tucupita (Delta Amacuro), Miranda (Edo. Falcón), Crespo (Edo. Lara), Guanare (Portuguesa), Maracaibo y Valmore Rodríguez (Edo. Zulia), todos los cuales poseen Categoría B. El resto no presentan signos evidentes de conciencia ambiental.

**10.- Entrevistas y estudio de casos.** Las entrevistas con siete alcaldes confirmaron todas estas conclusiones. En ellos se reflejó la misma problemática ambiental (problemas de agua, contaminación de cauces de agua, carencia de vertederos de basura, falta de cloacas) y deforestaciones en cuencas altas). En la amplia mayoría de ellos es inexistente la gestión ambiental. La tendencia es idéntica en cuanto al grado de conciencia ambiental, no existiendo organizaciones ni estructuras sociales para su desarrollo. Todos opinaron que un programa como el PCA sería bueno de implementar y lo consideraron necesario.

Tal vez, en donde fueron muy importantes estas entrevistas fue en lo que revelan como preocupaciones, porque aquí se resumen sus ideas respecto a las causas de los problemas y a cómo enfrentar su solución. En este sentido, es importante considerar que están preocupados por el desarrollo industrial que no considera al poder local, también enfrentan serios problemas de pobreza que les absorbe mucho de su gestión, los municipios petroleros confían en que las filiales les apoyarán en todas sus actividades. Parte importante de sus opiniones se dirigieron a denunciar vicios de la administración en el otorgamiento de permisos para deforestaciones y a los propietarios de predios con poder (político o militar) que ayudan con estas actividades de corrupción a complicar la situación ambiental de los municipios.

El estudio plantea al final un sistema de casos de estudio que tienden a explicar las situaciones típicas que se han encontrado. En esto, se define el primer caso como uno en el cual los problemas de la realidad social (pobreza, desempleo, bajos ingresos) hacen imposible la solución de problemas ambientales, incluyendo su gestión y grado de conciencia. Un segundo caso presenta la situación de municipios en los cuales se visualiza concretamente la presencia de elementos de gestión ambiental, por lo tanto existe un planteamiento respecto a la solución de problemas y un cierto grado de conciencia. El tercer caso presenta la realidad de municipios en donde se concretan estructuras muy definidas para enfrentar la problemática ambiental.

Basado en estos casos es que se fueron delineando los criterios que definirían los posibles municipios de ser incorporados a un proyecto piloto. En general, para un piloto se preferirían municipios del segundo caso, en donde no se produjeran grandes interferencias estructurales al proceso de concientización que se va a plantear. Igualmente, ciertas consideraciones a las categorías más limitadas (Categorías C), harían ver en estos pilotos las formas que se debería adoptar para que municipios con categorías C pasaran a niveles más aceptables y se iniciarán en un desarrollo positivo de su gestión (llegar en un primer paso a Categoría B, al menos).

**PRESELECCION DE MUNICIPIOS
DEL CONVENIO PDVSA - FLASA**

| ENTIDAD | MUNICIPIO | PRESENCIA PDVSA/FLASA |
|---------|-----------|------------------------|
| ANZOATEGUI | BOLIVAR | CORPOVEN |
| | FREITES | CORPOVEN |
| | SOTILLO | CORPOVEN |
| | GUANTA | ----------- |
| DELTA AMACURO | TUCUPITA | ---------- |
| FALCON | FALCON | LAGOVEN |
| MIRANDA | PLAZA | LAGOVEN |
| | ZAMORA | LAGOVEN |
| MONAGAS | LIBERTADOR | LOAGOVEN |
| SUCRE | CRUZ SALMERON | LAGOVEN |
| ZULIA | MARACAIBO | LAGOVEN |
| | VALMORE RDGZ. | MARAVEN |

## 11. Causas que determinan la falta de conciencia ambiental de los municipios

Las causas que podrían explicar la falta de conciencia ambiental surgen, en parte, de las conclusiones ya reseñadas y, en parte, de manifestaciones reales que se relacionan directamente con estas carencias.

En este sentido, se pueden señalar como causas a tres fuentes:

**1. Causas directas**.

- Ausencia de contenidos que expresen motivación por el área o por la gestión ambiental, lo cual se ha visualizado al revisar las Memorias y Cuentas de los municipios.
- Deficientes conocimientos sobre la problemática ambiental., apreciada en las entrevistas, en los informes consultados y en las Memorias y Cuentas de los municipios revisadas.
- No existe relación entre problemática ambiental, municipio y gestión.
- No se conocen experiencias relacionadas.

**2.- Causas indirectas.**

- Deficiencias en la actividad gerencial.
- Limitaciones técnicas, administrativas y gerenciales para estructurar estrategias que promuevan una gestión adecuada.
- No existen sistemas de formación a los municipios que den respuestas oportunas y con continuidad.

**3.- Causas exógenas.**

- Carencia de programas de formación ambiental, dirigidas a los recursos humanos de los municipios.
- Programa de formación de alcaldes no inserta al sector ambiente como eje del programa.

- El proceso de descentralización ha significado en la práctica que la administración central haya cedido un espacio de competencias específico que nadie ha tomado. Algunos alcaldes se han internado en este campo, pero su solución sólo se alcanzará cuando se definan e implementen mejor estas competencias
- .El proceso de creación de municipios ha ido fragmentando el espacio natural por sobreposición de un espacio político administrativo, con lo cual los problemas se han agravado porque su solución requiere de fórmulas integrales.
- La dinámica electoral obliga a un proceso de formación rápido, puesto que hasta ahora la reelección de alcaldes gira sobre el 50% en cada elección.

# REFERENCIAS BIBLIOGRÁFICAS

Arocita Rodríguez, Jaime. *Ambiente, sociedad y cultura*. Una perspectiva antropológica. Seminario Universidad Nacional de Colombia, 18-19 de Julio de 1989. Colombia, ICFES, 1989.

Banco Interamericano de Desarrollo (BID). *Consulta sobre el medio ambiente*. Anales de la reunión con organismos públicos responsables de la protección ambiental y la conservación de los recursos naturales en América Latina y El caribe. Washington, D.C., 13-15 de Mayo de 1987.

Banco Mundial (BM). *Informe sobre el Desarrollo Mundial 1992*. Desarrollo y medio ambiente. Washington D.C., 1992.

Barreiro, Julio. *Educación popular y proceso de concientización*. México. Ed. Siglo XXI, 1978.

BIOMA. *Auditoría ambiental de Venezuela 1991*. Caracas, Bioma, 1992.

BID-PNUD. Comisión de Desarrollo y Medio Ambiente de América Latina y El Caribe. *Nuestra Propia Agenda*. Washington D.C., 1990.

Blanco, A. A. "Introducción" en: A. Blanco. *Gestión ambiental del desarrollo*. Bogotá, Ed. Comp., 1989.

Brañes, Raúl. *Aspectos institucionales y jurídicos del medio ambiente, incluida la participación de las organizaciones no gubernamentales en la gestión ambiental*. BID, Washington D.C. 1991.

Chesney Lawrence, Luis (2012). Desarrollo sustentable y conciencia ambiental. USA. Amazon.com.

De Cuevas, Jean Jacobo. *Concientización*. CIADEC, Jusepin, 1970. Mimeo.

Del Valle, J. "El municipio: espacio para la vida". *Rev. Perfiles Liberales* N°. 45 (1996): 77-78.

Diez Hochleitner, Ricardo. *Aprender para el futuro: educación ambiental*. Documento preparado como una contribución a la VII Semana.Monográfica de la Fundación Santillana. Madrid, 1993.

Duran, R. V. "Modelo para un sistema de gestión ambiental municipal en 20 muinicipios de la IX Región (Chile)". Seminario Papel de los Gobiernos locales y la participación pública en la gestión ambiental. Venezuela, Barquisimeto, 11-13 de Junio de 1996, 16p. 1996.

Febres Cordero, M. E. y Quintana G. "El MARNR y la asesoría a la gestión ambiental municipal". Seminario Papel de los Gobiernos locales y la participación pública en la gestión ambiental. Venezuela. Barquisimeto.
11-13 de Junio de 1996, 6p. 1996.

Fonseca, C. "La gestión ambiental en Colombia", en: Inderena-Ecobios, *Colombia 88*. Memorias del Simposio Internacional. Bogotá, 20-23 de          Septiembre de 1988:451-458.

Freire, Paulo. *La educación como práctica de la libertad*. Colombia. Ed. Siglo XXI, 1978.

Gallopín C., G. "Ambiente y Sociedad". Congreso sobre Problemática     Ambiental de México. Ciudad de México, 8-12 de Diciembre de 1980.

García, R. "Nature pleads not guilty", en: *Drought and Man*. Vol. I. U.S.A. Pergamon Press, 1981.

González, A., J."Definición, implicaciones y aspectos legales de la política ambiental en Venezuela", en Malavé, J. (Comp.), *La gestión ambiental: ¿Impulso freno al desarrollo?* Caracas, Ed. IESA, 1988. pp. 17-38.

--------- "Estado y Comunidad: Análisis de una confrontación necesaria". En: Malavé, J. (Comp.). *La gestión ambiental:¿Impulso o freno al desarrollo?* Caracas, Ed. IESA, 1988. pp.143-162.

Gross, Patricio et al." Diseño de indicadores para medir la calidad del Medio Ambiente Físico en el Area Metropolitana de Santiago y su aplicación a nivel comunal" *DT Nª102, CIDU-IPU*. Chile: Universidad Católica de Chile,1977.

Hajek E., et al. *Problemas Ambientales de Chile*. Santiago: Univ.-Católica de Chile, 1994.

Hernández, M.H. y Medina, N. "Petróleo y concientización ambiental. Perfil de una experiencia en Venezuela". Seminario Latinoamericano de Educación Ambiental. Caracas, 1981.

Hunt , D. and Johnson, C. *Sistemas de gestión medioambiental*. Madrid, McGraw Hill, 1996.

López, M.R. "Gobierno local-comunidad. Alianza para el desarrollo sostenible!". *Rev. Perfiles* liberales N°. 46 (1996):7274.

Malavé, J. (Comp.), *La gestión ambiental:¿Impulso o freno al desarrollo?* Caracas, Ed. IESA, 1988.

MARNR. *Política Ambiental*. Misión y Gestión. Caracas: MARNR, 1978.

----------Dirección de Educación Ambiental. *Principales problemas ambientales en Venezuela*. Propuestas para su solución mediante la participación de la comunidad. Caracas: MARNR, 1984.

---------"Política ambiental". Ponencia básica. IV Congreso Venezolano de Conservación. Maracaibo, 1986.

--------- *Un compromiso nacional para el desarrollo sustentable*. Informe Nacional de Venezuela. Caracas: MARNR, 1992.

---------Dirección General Sectorial de Investigación del Ambiente. *Evaluación de la problemática ambiental de Venezuela.* Caracas. MARNR Serie Informes Técnicos DGDIA/IT/257 (1993).

---------Direcciones de Región. *Problemas ambientales regionales.* Coordinación de Dependencias regionales. 1994.

--------- *Balance Ambiental de Venezuela.* Apéndice 1996. Caracas. 1997.

Molnar, D. y Kamerud, M. "Developing priorities for improving the urban social environment: a use of Delphi". *Socio Economic Planning* 9(1975):25-29.

Morales K. y Asociados. "¿Qué es un estudio Delphi?" *Revista Investigación y Gerencia.* Año 2, No, 3 (s/f).

Neglia, Erminio. "La *Conscientizaçao* de Paulo Freire y su aplicación en el teatro". *Rev. Canadiense de Estudios Hispánicos,* Vol.2, Nº 2, 1981.

Novo Villaverde, María. *Educación ambiental.* Colombia: Ed. Amaya, 1988.

Ovejero Lucas, Félix. *Intereses de todos, acción de cada uno.* Crisis del socialismo, ecología y emancipación. Madrid, Siglo XXI, 1989.

Programa de las Naciones Unidas para el Medio Ambiente (PNUMA). *El estado del medio ambiente 1972-1992.* Nairobi, 1992.

Reigota, Marcos. "Ecología global y pedagogía cotidiana del ambiente en América Latina". *Boletín de Formación Ambiental* (PNUMA), Vol.5, Nº11, 1994.

República de Venezuela. *Ley Penal del ambiente.* Caracas, 1992.

Severyn T. Brutn. *La perpspectiva humana en sociología.* Bs. As.: Amorrortu Editores, 1972.

Terán, A. Et al. *Proyectos de ordenanzas municipales para la instrumentación del Plan Local de Ordenamiento y Gestión Ambiental.* Municipio autónomo Urdaneta. Edo. Miranda. Caracas, MARNR-Autoridad Unica de Area. Agencia Río Tuy. (Fotocopia), 1994.

UNESCO (Programa Internacional de Educación Ambiental, UNESCO-PNUMA). Seminario Internacional de Educación Ambiental. Informe Final.(Belgrano1975) Paris, Doc.ED-76/WS/95, 1977.

--------- *La educación ambiental.* Las grandes orientaciones de la Conferencia de Tbilisis. Paris, UNESCO, 1980.

Vidart, David. "La educación ambiental. Aspectos teóricos y prácticos". *Perspectivas* (UNESCO) Vol. III, N° 4 , 1978.

Wiesenfeld, Esther (comp.). *Contribuciones iberoamericanas a la psicología ambiental.* Caracas, Univ. Central de Venezuela, Fac. de Humanidades y Educación. omisión de Estudios de Postgrado, 1994.

www.ingramcontent.com/pod-product-compliance
Lightning Source LLC
Chambersburg PA
CBHW050445290526
45786CB00006B/2173